Como produzir
textos acadêmicos e científicos

Conselho Acadêmico
Ataliba Teixeira de Castilho
Carlos Eduardo Lins da Silva
Carlos Fico
Jaime Cordeiro
José Luiz Fiorin
Tania Regina de Luca

Proibida a reprodução total ou parcial em qualquer mídia
sem a autorização escrita da editora.
Os infratores estão sujeitos às penas da lei.

A Editora não é responsável pelo conteúdo deste livro.
A Autora conhece os fatos narrados, pelos quais é responsável,
assim como se responsabiliza pelos juízos emitidos.

As normas das ABNTs citadas nesta obra são abordadas para a elaboração de textos acadêmico-científicos. Neste livro foram seguidas apenas as normalizações de referências bibliográficas da ABNT NBR 6023/2018. As demais normas, por não caberem na realização gráfica de um livro, não foram aqui adotadas.

Consulte nosso catálogo completo e últimos lançamentos em **www.editoracontexto.com.br**.

Como produzir textos acadêmicos e científicos

Ada Magaly Matias Brasileiro

Copyright © 2021 da Autora

Todos os direitos desta edição reservados à
Editora Contexto (Editora Pinsky Ltda.)

Montagem de capa e diagramação
Gustavo S. Vilas boas

Preparação de textos
Lilian Aquino

Revisão
Ana Paula Luccisano

Atualização das normas da ABNT
Ana Clara Matias Brasileiro

Dados Internacionais de Catalogação na Publicação (CIP)

Brasileiro, Ada Magaly Matias
Como produzir textos acadêmicos e científicos /
Ada Magaly Matias Brasileiro. – 1. ed., 2ª reimpressão. –
São Paulo : Contexto, 2024.
272 p.

Bibliografia
ISBN 978-65-5541-005-1

1. Pesquisa – Metodologia 2. Ciência – Metodologia
3. Redação acadêmica 4. Publicações científicas I. Título

20-4121   CDD 001.42

Angélica Ilacqua CRB-8/7057

Índice para catálogo sistemático:
1. Metodologia da pesquisa e produção textual

2024

EDITORA CONTEXTO
Diretor editorial: *Jaime Pinsky*

Rua Dr. José Elias, 520 – Alto da Lapa
05083-030 – São Paulo – SP
PABX: (11) 3832 5838
contato@editoracontexto.com.br
www.editoracontexto.com.br

■ Sumário

■ PREFÁCIO 13

■ APRESENTAÇÃO 17

1. AS CONVENÇÕES DO MUNDO ACADÊMICO 19

1.1 A elaboração da pesquisa acadêmica
e a pesquisa eletrônica 20

    1.1.1 Os critérios para a pesquisa eletrônica 22

1.2 A linguagem acadêmico-científica 24

    1.2.1 Qualidades do texto acadêmico-científico 26

    1.2.2 Expressões latinas usadas
no texto acadêmico-científico 29

    1.2.3 Terminologias definidas pela ABNT 30

1.3 Eventos acadêmico-científicos 33

1.4 Títulos, cursos e distinções acadêmicas 39

1.5 Informação e documentação:
as normas da ABNT a serviço da academia 44

1.6 Método Vancouver 46

2. PRINCÍPIOS GERAIS DOS TRABALHOS ACADÊMICO-CIENTÍFICOS 47

2.1 A composição estrutural dos trabalhos acadêmicos 48

2.1.1 Parte externa 49

2.1.2 Parte interna 51

2.1.2.1 Elementos pré-textuais 51

2.1.2.2 Elementos textuais 58

2.1.2.3 Elementos pós-textuais 59

2.2 A formatação dos trabalhos acadêmicos 60

2.2.1 Apresentação gráfica do texto 60

2.2.2 Espaçamentos 61

2.2.3 Paginação 63

2.2.4 Destaques do texto 64

2.2.5 Numeração progressiva 67

3. DIMENSÃO METODOLÓGICA DO TEXTO CIENTÍFICO 71

3.1 Bases lógicas do método científico 72

3.2 A caracterização da pesquisa 74

3.2.1 Métodos de procedimentos da pesquisa 74

3.2.2 A pesquisa quanto aos fins 76

3.2.3 A pesquisa quanto aos meios 77

3.2.3.1 Pesquisas de revisão bibliográfica – tipologias ...80

3.2.3.1.1 Revisões de narrativas convencionais 81

3.2.3.1.2 Revisões bibliográficas mais rigorosas 82

3.2.4 A pesquisa quanto à abordagem 83

3.3 Os procedimentos metodológicos
para aplicação da pesquisa 84

    3.3.1 Instrumentos e procedimentos
de pesquisa para a abordagem qualitativa 84

    3.3.2 Instrumentos e procedimentos
de pesquisa para a abordagem quantitativa 89

    3.3.3 Instrumentos e procedimentos
de pesquisa para a abordagem qualiquantitativa 89

    3.3.4 Universo, amostra e sujeitos da pesquisa 90

    3.3.5 O tratamento dos dados: a ética e a técnica 91

3.4 Citação: um recurso de diálogo com os teóricos 93

    3.4.1 Citações diretas ou textuais 94

        3.4.1.1 Citação direta curta 94

        3.4.1.2 Citação direta longa 95

    3.4.2 Citações indiretas ou livres 95

    3.4.3 Citação de citação 96

    3.4.4 A formalização das citações 96

        3.4.4.1 Sinais utilizados nas citações 97

3.5 Notas de rodapé 101

    3.5.1 Notas explicativas 102

    3.5.2 Notas de referência 102

3.6 A formalização das referências bibliográficas
e documentos eletrônicos 103

    3.6.1 Modelos de referências 105

4. PRINCIPAIS TRABALHOS ACADÊMICO-CIENTÍFICOS 115

4.1 Artigo científico 116

    4.1.1 Tipos de artigos 117

    4.1.2 Estrutura do artigo 118

4.1.3 Organização textual do artigo.................................122

    4.1.3.1 Organização textual de um artigo original.......122

    4.1.3.2 Organização textual de um artigo de revisão...123

4.1.4 Formatação do artigo..................................125

4.2 Comunicação científica..127

4.2.1 Formas de comunicação científica.....................128

4.2.2 Gêneros textuais apresentados como comunicação oral...129

4.3 Crítica textual..129

4.3.1 Tipos de crítica.....................................130

4.3.2 Perspectivas da crítica literária ou redacional.............131

4.3.3 Estrutura da crítica textual..........................132

4.3.4 Exemplo de crítica textual...........................134

4.4 Dissertação..136

4.4.1 Enfoques da dissertação.............................137

4.4.2 Estrutura da dissertação.............................138

    4.4.2.1 Organização textual da dissertação...............139

4.5 Ensaio científico..140

4.5.1 Tipos de ensaio....................................141

4.5.2 Estrutura do ensaio científico........................141

4.5.3 Dicas para a elaboração de um ensaio científico...........145

4.5.4 Exemplo de início de um ensaio.......................146

4.6 Estudo de caso...146

4.6.1 Tipos de estudos de casos quanto à quantidade............147

4.6.2 A construção de um estudo de caso.....................148

4.6.3 Organização do texto................................150

4.6.4 Formalização do texto...............................152

4.7 Fichamento..154

4.7.1 Tipos de fichamento de leitura........................155

4.7.2 Estrutura de um fichamento..........................156

4.7.3 Exemplos de fichamentos............................157

4.8 Informe científico 160

    4.8.1 Estrutura do informe científico 161

    4.8.2 Formatação do informe científico 163

4.9 Inventário acadêmico 164

    4.9.1 Metodologia para a construção de um inventário 165

    4.9.2 Estrutura proposta para um inventário 166

4.10 Mapa conceitual 167

    4.10.1 Tipos de mapa conceitual 168

    4.10.2 Estrutura do mapa conceitual 170

    4.10.3 Dicas para elaboração de um mapa conceitual 171

4.11 Memorial 171

    4.11.1 Características textuais e discursivas 173

    4.11.2 Conteúdo de um memorial acadêmico 173

    4.11.3 Estrutura e formatação do memorial 174

4.12 Monografia 180

    4.12.1 Tipos de monografias 180

    4.12.2 Estrutura de uma monografia 182

        4.12.2.1 Organização textual da monografia 184

4.13 *Paper* 186

    4.13.1 Estrutura do *paper* 187

    4.13.2 Exemplo de *paper* 189

4.14 Plano de pesquisa 189

    4.14.1 Estrutura do plano de pesquisa 190

4.15 Portfólio 193

    4.15.1 Características do portfólio 194

    4.15.2 Condução do portfólio 195

    4.15.3 Estrutura do portfólio 196

    4.15.4 Modelo de roteiro para portfólio 198

4.16 Pôster..199

    4.16.1 Tipos de pôsteres...199

    4.16.2 Estrutura do pôster científico.....................199

    4.16.3 Apresentação do pôster e orientações gerais...................200

    4.16.4 Exemplo de pôster...203

4.17 Pré-projeto de pesquisa..204

    4.17.1 Estrutura do pré-projeto de pesquisa...........204

4.18 Projeto de pesquisa..205

    4.18.1 Estrutura do projeto de pesquisa..................205

    4.18.2 Regras gerais de apresentação do projeto de pesquisa..214

4.19 Relatório..217

    4.19.1 Alguns tipos de relatório...............................218

    4.19.2 Estrutura do relatório técnico e/ou científico.....221

    4.19.3 Regras gerais para elaboração de um relatório.....228

4.20 Resenha..230

    4.20.1 Tipos de resenhas..230

    4.20.2 Estrutura da resenha......................................231

    4.20.3 Dicas de elaboração de uma resenha..............234

    4.20.4 Exemplo de resenha......................................236

4.21 Resumo..239

    4.21.1 Tipos de resumo...239

    4.21.2 Estrutura do resumo......................................240

    4.21.3 Dicas para elaboração de um resumo............242

    4.21.4 Exemplo de resumo.......................................244

4.22 Resumo expandido 245

   4.22.1 Formatação do resumo expandido...............................246

   4.22.2 Estrutura textual do resumo expandido.....................247

   4.22.3 Exemplo de resumo expandido...................................249

4.23 Resumo homotópico 250

   4.23.1 Estrutura do resumo homotópico 250

   4.23.2 Dicas para elaboração do resumo homotópico............251

   4.23.3 Exemplo de resumo homotópico 252

4.24 Tese 253

   4.24.1 Enfoques da tese 254

   4.24.2 Estrutura da tese 254

      4.24.2.1 Organização textual da tese..............................256

      4.24.2.2 Diferenças entre dissertação e tese....................257

4.25 Texto dissertativo-argumentativo 258

   4.25.1 Características textuais e discursivas.............................259

   4.25.2 Exemplo de texto dissertativo-argumentativo............261

4.26 Trabalho acadêmico simples...262

   4.26.1 Estrutura de um trabalho acadêmico simples 263

   4.26.2 Formatação do trabalho acadêmico simples................264

4.27 Trabalho de conclusão de curso (TCC) 265

■ **Referências** 267

■ **A autora** 271

■ Prefácio

Na atualidade, a produção de textos acadêmicos e científicos tem exigido não somente do estudante e do pesquisador iniciante, mas também do autor e do investigador experiente um conhecimento, ao mesmo tempo, amplo e específico sobre metodologia do trabalho acadêmico e científico. Trata-se de um campo que reúne, em nosso país, inúmeras obras, algumas bastante qualificadas e adequadas, a suprir necessidades e demandas para a elaboração desse tipo de texto.

Alinhada a uma concepção interacionista e sociodiscursiva de trabalho com a linguagem, a obra de Ada Brasileiro, no entanto, ultrapassa os limites de um manual que, de ordinário, ocupa-se em descrever métodos e expor normas de escrita científica, com base em modelos e formas. Como pesquisadora, atuante no campo da linguagem e dos discursos, a autora vai além de uma normatização metodológica e nos convida a entrar no universo do fazer científico por meio de práticas discursivas pensadas à luz das condições de produção e circulação de gêneros textuais das esferas escolar e científica.

Recentemente, inúmeros investimentos em estudos e pesquisas, no campo científico e na formação de estudiosos e pesquisadores, acabaram demandando novas formas e suportes de geração e coleta de dados que passaram a exigir novos modos de circulação dos *corpora* e resultados de trabalhos, nas diversas áreas. Este *Como produzir textos acadêmicos e científicos* contempla o incremento dessas demandas, em função também de novas tecnologias e novos formatos de interação.

O trabalho que nos oferece Ada, professora universitária, pesquisadora e autora, cumpre objetivos mais amplos dos que nos oferecem os habituais compêndios de normas e procedimentos. Inserido em um conjunto de investigações que têm no gênero textual o seu eixo analítico e nos estudos sobre o letramento acadêmico seus princípios e pressupostos, este livro que o leitor tem em mãos concebe o produtor de textos da área científica como uma pessoa capaz de se construir com autonomia para atuar de modo autoral na pesquisa e nas instituições de formação. Isso significa ver a produção do trabalho acadêmico como um processo propiciador de desenvolvimento social e profissional do sujeito que opera com os saberes de campos diversos, seja nas relações entre professores e estudantes, orientadores e pós-graduandos, formadores e especialistas, seja nas interações entre autores e editoras, instituições de fomento e pesquisadores.

Um aspecto que chama a atenção, especialmente dos que atuam nas esferas acadêmica e científica no campo da linguagem e dos discursos, relaciona-se à perspectiva social e discursiva que subjaz a este livro. Convidando o leitor/pesquisador/estudioso a lançar mão de instrumentos multimetodológicos, a autora, em uma ótica ampliada de produção textual nos campos científico e formativo, investe na capacidade autoral do sujeito autor, de modo a prepará-lo para assumir seu próprio discurso e, portanto, ter condições de atuar em eventos de letramento os mais diversificados, presentes no cotidiano de diferentes instituições e áreas do conhecimento, em dado contexto social e histórico.

Ao dar ao leitor – estudante, futuro profissional, professor, pesquisador – a chave que lhe permite adentrar um espaço de construção de conhecimentos, este livro aponta, com clareza e propriedade, para a necessidade de ver a produção oral e escrita, nos campos formativo e científico, como a possibilidade de o sujeito autor, pela reflexão e compreensão, interagir e dialogar com a multiplicidade de práticas da produção científica.

Assim, constituídos de voz e conscientes de suas possibilidades frente à tarefa de produzir textos para atuar como protagonistas do diálogo entre conhecimentos, autores, estudiosos e obras, estudantes, formadores e pesquisadores poderão participar das atividades de produção de conhecimento, com capacidades para analisar, refletir, compreender, elaborar, organizar e sistematizar, condições essenciais para interrogar (por que não?) e para agir diante de desafios postos pelo fazer científico na contemporaneidade.

Sinto-me agraciada e muito honrada em poder compartilhar com os leitores, estudiosos e divulgadores da ciência, esta obra que preenche uma lacuna nos modos como pensamos a produção científica, sua apropriação e difusão.

Maria Angela Paulino Teixeira Lopes

■ Apresentação

Pesquisadores, sejam alunos de graduação ou professores de universidades, precisam cada vez mais dar conta de produzir textos acadêmicos e científicos de qualidade. Essas produções, que convergem para a construção do conhecimento, são caracterizadas por estruturas e estilos de escrita específicos, ajustáveis ao conteúdo de cada disciplina, às técnicas e às normas. E são muitos os tipos de texto e de normas nesse vasto universo do mundo acadêmico, o que deixa, em geral, e não sem motivo, muitos perdidos num emaranhado de informações (ou até a falta delas). E o que se vê é uma grande dificuldade encontrada por pesquisadores na redação dos trabalhos exigidos pelas instituições onde atuam. Este livro vem, então, ao auxílio de alunos e docentes constantemente envolvidos com produções acadêmicas e científicas, tão variadas e importantes para a difusão do saber. Nele, procuro orientar e esclarecer o autor sobre aspectos conceituais, estruturais, estilísticos e de normalização dos textos acadêmicos.

Este livro apresenta, de modo bastante didático, as orientações basilares para os trabalhos do cotidiano acadêmico, sem desconsiderar a teoria do método científico. Uma obra pragmática, reunindo as especificidades do ambiente acadêmico e, ao mesmo tempo, uma ferramenta de trabalho que não engessa a produção dos autores. Trata-se de uma contribuição verdadeiramente prática ao processo de desenvolvimento de textos acadêmicos.

O livro reúne, em quatro capítulos, as convenções específicas do contexto acadêmico; as instruções da Associação Brasileira de Normas Técnicas (ABNT) para a formalização das produções acadêmicas; as orientações metodológicas e os fundamentos caracterizadores da pesquisa; e as definições dos 27 gêneros acadêmico-científicos corriqueiros ao estudante, entre eles: resumo, resenha, pôster, portfólio, projeto de pesquisa, artigo, ensaio, relatório, monografia, dissertação, tese, além de orientações basilares de ordem metodológica e científica sobre o gênero, tipos, estrutura proposta, objetivos, dicas e exemplos.

Útil para acompanhar o estudante, o pesquisador e o docente em toda a vida acadêmica.

A Autora

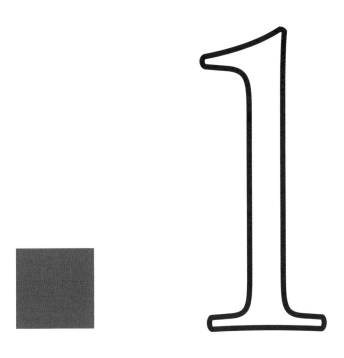

As convenções do mundo acadêmico

Ao chegar ao ambiente universitário, um investimento inicial a ser feito pelos alunos é o de conhecer o funcionamento desse mundo repleto, como todo grupo social, de contratos e protocolos próprios, sendo, no caso acadêmico, bastante formais. Entender quais são e como são estabelecidos facilita a vida do estudante, podendo tornar suas ações mais efetivas e estratégicas e menos conflituosas, além de reduzir a ansiedade.

Pensando nisso, trouxe, para a seção inicial deste livro, algumas informações convencionais próprias do mundo acadêmico, que giram em torno da linguagem como forma de ação e processo social. É por meio da linguagem que entendemos o mundo, que construímos e revelamos papéis e identidades sociais. Assim, a tradição universitária também é revelada por meio de seus textos, eventos, opções de pesquisa etc. (CHARAUDEAU, 2009).

Na medida em que participamos desse universo, compreendemos as funções e as relações nele existentes, inclusive aquelas relações de poder e de controle, muitas vezes sustentadas por artifícios da linguagem. Essa realidade impele-nos a compreender o seu funcionamento, não para aprender como repeti-lo, como receitas prontas, mas para saber nos posicionar perante ele e, também, trazer nossas contribuições do modo mais produtivo possível.

■ 1.1
A ELABORAÇÃO DA PESQUISA ACADÊMICA E A PESQUISA ELETRÔNICA

Os dois principais compromissos do ensino superior são com a pesquisa e com a formação profissional. Para cumprir essas tarefas, o estudante precisa aprender a estudar, selecionando fontes confiáveis, promovendo o diálogo com os teóricos, buscando aplicar e questionar suas teorias, o que é algo desafiador.

Minayo (2010, p. 16), vendo por um prisma mais filosófico, considera a pesquisa uma

> [...] atividade básica da ciência na sua indagação e construção da realidade. É a pesquisa que alimenta a atividade de ensino e a atualiza frente à realidade do mundo. Portanto, embora seja uma prática teórica, a pesquisa vincula pensamento e ação.

Demo (1996, p. 34) insere a pesquisa como atividade cotidiana, considerando-a uma atitude, um "questionamento sistemático crítico e criativo, mais a intervenção competente na realidade, ou o diálogo crítico permanente com a realidade em sentido teórico e prático". Para Gil (2008, p. 42), a pesquisa tem um caráter pragmático, é um "processo formal e sistemático de desenvolvimento do método científico. O objetivo fundamental da pesquisa é descobrir respostas para problemas mediante o emprego de procedimentos científicos".

Nesse sentido, a pesquisa é um conjunto de ações, propostas para encontrar a solução para um problema, que têm por base procedimentos racionais e sistemáticos. A pesquisa é realizada quando se tem um problema, para o qual ainda não há informações suficientes para solucioná-lo.

A princípio, é necessário abandonar certas práticas de pesquisas escolares baseadas em plágio, ou seja, a cópia (de longos trechos ou de textos completos) sem referência à autoria, bem como na busca de fontes sem critérios de seleção.

Para sanar o primeiro problema, o plágio, é fundamental que o estudante tenha um objetivo ao pesquisar: ele deve exercitar a redação própria e praticar o recurso das citações[1] para inserir fragmentos textuais de terceiros. Para sanar o segundo problema, relativo aos critérios de seleção das fontes de pesquisa, o pesquisador deve:

a) escolher textos cujos autores tenham vínculo com alguma instituição de pesquisa ou de ensino superior, presumindo-se que eles tenham passado por avaliação e validação;
b) ler os resumos relativos aos textos escolhidos, para selecionar os que, de fato, interessam;
c) evitar consultas em enciclopédias eletrônicas livres, já que qualquer usuário pode inserir informações, sem parâmetros avaliativos;
d) evitar fontes não comprometidas com o conhecimento científico. Informações de revistas de cunho jornalístico, por exemplo, podem servir de argumento ou dado, mas não têm força como ciência;
e) privilegiar os periódicos impressos ou eletrônicos e procurar saber sobre sua credibilidade.

---

[1] O tema citação encontra-se na seção 3.4 deste livro, "Citação: um recurso de diálogo com os teóricos".

■ 1.1.1
Os critérios para a pesquisa eletrônica

Normalmente, o primeiro impulso de pesquisa de um estudante, ao receber uma proposta de trabalho acadêmico, é a busca nas fontes eletrônicas. Para que a pesquisa tenha a qualidade esperada, é preciso prezar pelos critérios de seleção, compilados por Weitzel (2000):

a) Autoridade – diz respeito à reputação dos autores pesquisados e das instituições às quais se vinculam.
b) Atualidade – o pesquisador deve avaliar a obsolescência ou não da informação.
c) Cobertura/conteúdo – verificar se o tema foi tratado com a profundidade necessária ao documento consultado.
d) Objetividade – verificar se todos os lados do assunto são apresentados de maneira justa, sem favoritismos, preconceitos ou julgamentos tendenciosos.
e) Precisão – analisar se a informação disponível é verdadeira, oficial, autorizada, reconhecida e validada institucionalmente.
f) Acesso – verificar se a página da internet é estável ou está frequentemente ocupada para acesso ou fora do ar, se é paga ou gratuita.
g) Aparência – avaliar se o texto foi revisado e se é bem estruturado.

Aqui ficam algumas orientações para realizar suas pesquisas eletrônicas:

a) Inicie a busca com uma palavra-chave. Ex.: "Ensino".
b) Insira mais palavras-chave, caso obtenha muitos resultados. Ex.: "Metodologia AND Ensino AND Matemática".
c) Coloque uma frase entre aspas para procurar a frase completa em um texto. Ex.: "metodologia do ensino da Matemática".
d) Utilize opções de pesquisa para filtrar resultados por país ou língua. Por exemplo, Brasil ou Portugal, ou então escolher artigos em português, independentemente da sua origem física.
e) Use o operador "+" para adicionar uma palavra na busca e o "–" para excluir palavras.

f) Pelo domínio dos *sites* selecionados consegue-se saber o país de onde o artigo é originário. Se for um *site* que acabe em ".pt", significa que é um domínio de Portugal, se for do tipo ".br" é um domínio brasileiro. No entanto, exclua domínios genéricos que não identificam o país de origem. Ex.: os ".com" ou ".info".

g) Use operadores "booleanos" como o "e" e "ou" para forçar pesquisas de certas palavras.

Quadro 1 – Expressões booleanas para busca na internet

EXPRESSÃO	USO
AND	Para pesquisas avançadas, digite as palavras na caixa booleana de forma livre. **Aula AND Português** encontra documentos contendo ambos os termos: tanto a palavra *aula,* quanto a palavra *português*.
OR	Encontra documentos contendo pelo menos uma das palavras ou frases especificadas. **Aula OR Português** localiza os documentos contendo *aula* ou *português*. Os documentos encontrados podem conter ambos os termos, mas não necessariamente.
AND NOT	Exclui documentos contendo a palavra ou frase especificada. **Aula AND NOT Português** encontra documentos com *aula*, mas não contendo *português*.
NEAR	Localiza documentos contendo tanto as palavras quanto as frases especificadas com até dez palavras entre uma e outra. **Aula NEAR Português** encontraria documentos com *aula português*, mas provavelmente nenhum outro tipo de *português*.
*	O asterisco é um coringa; quaisquer letras podem tomar o lugar do asterisco. **Bass*** encontraria os documentos com *bass*, *basset* e *bassinet*. Você precisa digitar pelo menos três letras antes.
( )	Use parênteses para agrupar frases booleanas complexas. Por exemplo, **(aula AND português) AND (leitura OR produção)** localiza documentos com as quatro palavras cruzadas. Serão buscados documentos que apresentem tanto *aula*, quanto *português* e que contenham também *leitura* e/ou *produção*.

image:filename	Localiza páginas com imagens tendo um nome de arquivo específico. Use **image:praias** para localizar páginas com imagens chamadas praias.
link:URLtext	Localiza páginas com um *link* para uma página com um texto do URL especificado. Use **link:www.myway.com** para encontrar todas as páginas que fazem *link* com *myway.com*.
text:text	Localiza páginas que contêm o texto especificado em qualquer parte da página, com exceção de uma *tag* de imagem, *link* ou URL. A pesquisa **text:graduação** localizaria todas as páginas com o termo *graduação* nelas.
title:text	Localiza páginas que contêm a palavra ou frase especificadas no título da página (que aparece na barra do título da maioria dos navegadores). A pesquisa **title:crepúsculo** localizaria páginas com *crepúsculo* no título.
url:text	Localiza páginas com uma palavra ou frase específicas no URL. Use **url:jardim** para localizar todas as páginas em todos os servidores que têm a palavra *jardim* em algum lugar no nome do *host*, na via ou no nome do arquivo.

Fonte: <http://www2.assis.unesp.br/egalhard/PesqInt1.htm>.

Para sua melhor *performance* em pesquisas eletrônicas, faça busca em *sites* comprometidos com a divulgação de pesquisas científicas de qualidade. Eis alguns desses bancos de dados: Dedalus/USP, portais da SciELO e da Capes, PeriEnf, Lilacs, Medline, Cinahl, Embase, Cochrane Controlled Trials Database, Biblioteca Digital Brasileira de Teses e Dissertações e as bases de dados constantes dos próprios *sites* das instituições de pesquisa e ensino superior. A busca também pode ser feita no Google Acadêmico.

■ 1.2
A LINGUAGEM ACADÊMICO-CIENTÍFICA

O domínio discursivo acadêmico-científico visa à construção e à divulgação do conhecimento. Para isso, ele é constituído por uma linguagem técnico-científica apropriada, diferindo-se da utilizada em outros tipos de discurso, como o literário, o jornalístico ou o publicitário, nos quais se podem repetir, exagerar ou subnarrar fatos.

O texto acadêmico-científico deve ser comprometido com a objetividade, a eficácia e a exatidão. Muitas vezes, contudo, essas qualidades são alteradas pela necessidade de uso de termos técnicos, por uma característica específica do objeto de pesquisa, pelo uso de coloquialismos ou, até mesmo, pelo estilo de quem escreve.

Atualmente, as discussões da Linguística Aplicada em torno da escrita acadêmica têm sinalizado para a necessidade de se refletir sobre a propriedade ou não dessas alterações, não apenas com base em regras preestabelecidas institucionalmente, mas também pelas demandas discursivas do próprio objeto de escrita, assim como pelo modo como o autor se constitui no discurso.

Essa constituição autoral, contudo, não é tarefa fácil. Isabelle Delcambre e Dominique Lahanier-Reuter (2012) alertam, logo no início da obra *Littéracies universitaires*: *nouvelles perspectives*, que o ensino superior é um espaço de múltiplos escritos e escritas. Ao estudante, não é cobrado apenas que ele realize pesquisas, mas também que as materialize em textos a serem validados pelo professor, pela instituição e pela área científica da qual faz parte. Nesse contexto, muitos são os saberes, as experiências, os modelos científico-ideológicos, as técnicas e as normas (muitas delas ocultas) que se enredam nessa complexa tarefa de letramento acadêmico.

Para esclarecer os esforços cognitivos empreendidos por pesquisadores em formação, no processo de letramento, remeto a uma antiga metáfora construída por Kenneth Burke, em 1941. O autor faz uma analogia entre a construção do processo de autoria e a situação de um novato que chega atrasado a um salão de debates, no qual se encontram pesquisadores veteranos e empenhados em vigorosas controvérsias. É evidente que esse jovem pesquisador carecerá de tempo para entender o contexto em que está inserido, conhecer os embates teóricos, compreender as teorias para, depois, ter condições de se lançar no debate, avançar, relacionar, contestar, reformular, interpretar, concordar... intervenções que são muito mais exigentes e elaboradas. É necessário tempo para que ele participe, efetivamente, desse debate. Trata-se, portanto, de um processo que precisa ser compreendido por quem já faz parte do "salão".

■ 1.2.1
Qualidades do texto acadêmico-científico

▶ **Objetividade**

Em ciência, quando se fala em objetividade, normalmente, estamos nos referindo a três acepções: à pessoa do discurso, ao objeto da pesquisa e ao foco textual.

- Pessoa do discurso – esse é um ponto que tem provocado divergências no mundo acadêmico. Alguns defendem o uso da terceira pessoa como recurso de neutralidade, deixando o foco para o objeto da pesquisa. Outra ala, cada vez maior, considera que o uso do "eu" confere maior credibilidade à pesquisa, especialmente, no caso das pesquisas qualitativas. Tais questionamentos, por vezes, provocam a hesitação do estudante em se assumir como autor, que acaba optando, como constataram Delcambre e Lahanier-Reuteur (2015), pelo uso do "nós", com apoio no valor moral de modéstia.
- Objeto da pesquisa – o escopo de toda pesquisa traz o objeto que será investigado, ou seja, o tema do estudo. Ao mencioná-lo, o autor deve evitar expressar opiniões ou juízos de valor.
- Foco textual – essa característica diz respeito à concisão e visa ao tratamento do tema de maneira simples, direta e enfática, obedecendo a uma sequência lógica e evitando o desvio do assunto para considerações irrelevantes.

▶ **Uso da variante padrão da língua**

Trata-se da correta utilização das normas gramaticais. O texto científico é formal e se vale da linguagem culta, não sendo permitido o uso de gírias, termos vulgares, clichês, expressões coloquiais e estrangeirismos, a menos que sejam realmente necessários. Nesses casos, as aspas devem ser utilizadas. O uso desses recursos é considerado indevido, pois, além de revelar posicionamentos discursivos questionáveis, em certas ocasiões apresentam os vícios de linguagem do autor, afetando sua credibilidade.

▶ **Precisão e clareza**

Trata-se de características relacionadas ao foco e ao desenvolvimento do texto. Para alcançá-las, é recomendado que o autor procure:

a) apresentar as ideias de modo claro, coerente e objetivo, conferindo-lhes a devida ênfase;

b) usar um vocabulário preciso, evitando as linguagens rebuscadas e prolixas;

c) buscar a unidade do texto, construindo uma organização lógica;

d) evitar comentários irrelevantes, acúmulo de ideias e redundâncias, perseguindo a síntese;

e) usar a nomenclatura técnica aceita no meio científico, buscando a simplicidade;

f) evitar períodos breves demais, pois prejudicam a exposição do assunto, assim como os longos demais, pois tornam o texto pouco claro e cansativo;

g) evitar ambiguidades, deve buscar a exatidão sem correr o risco de gerar dúvidas, formulando proposições inequívocas;

h) evitar termos e expressões que não indiquem claramente proporções e quantidades (médio, grande, bastante, muito, pouco, mais, menos, nenhum, alguns, vários, quase todos, nem todos, muitos deles, a maioria, metade e outros termos ou expressões similares), procurando substituí-los pela indicação precisa em números ou porcentagem, ou optando por associá-los a esses dados.

> **O texto científico sofre críticas relacionadas à dificuldade de leitura**
>
> Para evitá-las, releia o seu texto com senso crítico. Verifique se a linguagem não está empolada demais, com muitos termos técnicos, ou, talvez, empobrecida demais. Persiga a simplicidade, a clareza e a síntese (KOCH, 2007). É inegável que, muitas vezes, lemos textos de pesquisadores seniores que causam questionamentos por subverter essas premissas de precisão e clareza, sem que afetem a credibilidade do texto. Não raro, as justificativas que ouço para esse fato é que tais autores já conquistaram certa "licença" para dizerem o que dizem e assumirem um estilo composicional próprio. Questiono: por que tal estilo, que é construído processualmente, obtém autorização para ser apresentado apenas nas produções de veteranos?

► **Imparcialidade**

O autor não deve fazer prevalecer sua opinião pessoal, seus preconceitos ou juízos de valor. Ao mesmo tempo, deve evitar ideias preconcebidas, não subestimando nem superestimando a importância das ideias em debate.

> **Atenção para os termos que marcam posicionamentos**
>
> Adjetivos, advérbios, locuções e pronomes que indiquem tempo, modo ou lugar de forma imprecisa, tais como: *aproximadamente, antigamente, em breve, em algum lugar, em outro lugar, adequado, inadequado, nunca, sempre, raramente, às vezes, melhor, provavelmente, possivelmente, talvez, algum, pouco, vários, tudo, nada* e outros termos similares.
>
> Ex.: **Em lugar de**: Esse dado é <u>importantíssimo</u> para a origem da história indígena.
> **Prefira**: Esse dado <u>indica fatores</u> sobre a origem da história indígena.

► **Coesão e coerência**

A coesão se refere à boa articulação entre as partes do texto, estando relacionada à sua organização tópica. A coerência diz respeito à lógica, à consistência e à não contradição do dito. Está, portanto, vinculada à progressão na exposição das ideias, de modo a facilitar a interpretação de texto. O objetivo inicial deve ser mantido ao longo de seu desenvolvimento, sendo que a explanação deve se apoiar em dados e provas, e não em opiniões que não possam ser confirmadas.

■ 1.2.2
Expressões latinas usadas
no texto acadêmico-científico

Em textos técnicos e científicos, é comum o uso de expressões latinas, cuja função é imprimir maior exatidão informacional. No entanto, havendo o termo correspondente em português, pode-se optar por um ou pelo outro. A seguir, relaciono alguns deles:

Quadro 2 – Expressões latinas usadas na escrita científica

Expressão	Significado e uso
Apud	Significa "citado por", "conforme", "segundo". Na citação de citação, é utilizada para informar que o que foi transcrito de uma obra de um determinado autor, na verdade, pertence a outro.
Cf.	Significa "confira", "confronte": usa-se na citação indireta, síntese retirada de fonte consultada sem alteração das ideias do autor. A indicação da página é opcional. Ex.: (*Cf.* GIL, 1997). *Cf. supra*; *infra* = confira-se acima; confira-se abaixo. Usa-se quando se quer remeter o leitor a outras partes do texto – antes ou depois. O termo vem seguido do número da página. Ex.: *Cf. infra*, p. 16.
Corpus	Significa "conjunto de dados" – quando se tem mais de um conjunto de dados, usa-se o plural *corpora*.
Et alii (et al.)	Significa "e outros". Utilizada quando a obra foi produzida por mais de três autores. Menciona-se o nome do primeiro, seguido da expressão *et alii* ou *et al.* Ex.: França *et al.*
Et seq. (*et sequentia*)	Significa "e seguintes". Usada para indicar a primeira página de uma sequência maior utilizada para citar. Ex.: (SOUZA, 2012, p. 23 *et seq.*).

Ibidem (*Ibid.*)	Usada quando se repetem o autor e a obra, mas as páginas são diferentes. Ex.: Se, na nota anterior, você citou (SOUZA, 2012, p. 45), na próxima citação, você usa (*Ibid.*, p. 50).
Idem (*id.*)	Usa-se quando é mesmo autor, mesma obra, mesma página.
In	Significa "em", "dentro de".
Ipsis litteris	Significa "pelas mesmas letras", "literalmente". Utiliza-se para expressar que o texto foi transcrito com fidelidade, mesmo que possa parecer estranho ou esteja reconhecidamente escrito com erros de linguagem.
Ipsis verbis	Significa "pelas mesmas palavras", "textualmente". Utiliza-se da mesma forma que *ipsis litteris* ou *sic*.
Loc. cit.	Abreviação de *loco citato*, significa "no lugar citado".
Op. cit.	Abreviação de *opus citatum*, significa "obra citada". Usa-se quando a obra já foi mencionada no texto, mas não é exatamente a anterior. Ex.: Souza (*op. cit.*, p. 70).
Passim	Significa "aqui e ali". Usada quando uma citação livre é retirada de diversas páginas não sequenciais. Ex.: (SOUZA, 2012, p. 85-89, *passim*; RIBEIRO, 1997, *passim*).
Sic	Significa "assim". Emprega-se em citações cuja expressão cause estranheza ao leitor. É um modo de confirmar o que estava escrito no texto original. Ex.: "Todos os homens da face da Terra sabe muito disso (*sic*)". Utiliza-se da mesma forma que *ipsis litteris* ou *ipsis verbis*.
Supra	Significa "acima", referindo-se à nota imediatamente anterior.

Fonte: Compilação feita pela autora.

■ 1.2.3
Terminologias definidas pela ABNT

Para preservar a unidade de sentidos, a Associação Brasileira de Normas Técnicas (ABNT) estabelece as definições de termos recorrentes no mundo acadêmico. Eis alguns deles em ordem alfabética:

a) **Abreviatura**: representação de uma palavra por meio de alguma(s) de suas sílabas ou letras.

b) **Anexo**: texto ou documento não elaborado pelo autor, que serve de fundamentação, comprovação e ilustração.

c) **Apêndice**: texto ou documento elaborado pelo autor, que serve de fundamentação, comprovação e ilustração.

d) **Autor(es)**: pessoa(s) física(s) responsável(eis) pela criação do conteúdo intelectual ou artístico de um documento.

e) **Autor(es) entidade(s)**: instituição, organização, empresas, comitê, comissão, entre outros, responsável(eis) por publicação em que não se distingue autoria pessoal.

f) **Capa**: proteção externa do trabalho e sobre a qual se imprimem as informações indispensáveis à sua identificação.

g) **Capítulo, seção ou parte**: divisão de um documento. Pode ser numerado ou não.

h) **Citação**: menção de uma informação extraída de outra fonte.

i) **Citação de citação**: citação direta ou indireta de um texto a cujo original não se teve acesso.

j) **Citação direta**: transcrição textual de parte da obra do autor consultado.

k) **Citação indireta**: texto baseado na obra do autor consultado.

l) **Documento**: qualquer suporte que contenha informação registrada que possa servir de consulta para estudo ou prova. Podem ser impressos, manuscritos, audiovisuais, sonoros, imagens e outros.

m) **Edição**: todos os exemplares reproduzidos a partir de um original ou matriz.

n) **Editora**: casa publicadora responsável pela produção editorial.

o) **Elementos pós-textuais**: elementos que complementam o trabalho.

p) **Elementos pré-textuais**: elementos que antecedem o texto com informações que ajudam na identificação e utilização do trabalho.

q) **Elementos textuais**: parte do trabalho em que é exposta a matéria.

r) **Escopo**: refere-se à delimitação do tema.

s) **Índice**: lista de palavras ou frases ordenadas segundo determinado critério e que serve para localizar e remeter a informações contidas no texto.

t) **Informante:** pessoa ou instituição utilizada como fonte dos dados colhidos.

u) **Lista:** enumeração de elementos selecionados do texto, tais como datas, ilustrações ou exemplos, na ordem de sua ocorrência.

v) **Monografia:** documento constituído de uma só parte ou de um número preestabelecido de partes que se complementam.

w) **Notas de referência:** notas que indicam fontes consultadas ou remetem a outras partes da obra em que o assunto foi abordado.

x) **Notas de rodapé:** indicações, observações ou aditamentos ao texto feitos pelo autor, tradutor ou editor, podendo também aparecer na margem esquerda ou direita da mancha gráfica.

y) **Notas explicativas:** notas usadas para comentários, esclarecimentos ou explanações, que possam ser incluídos no texto.

z) **Palavra-chave:** palavra representativa do conteúdo do documento, escolhida, preferencialmente, em vocabulário controlado.

aa) **Publicação periódica:** publicação em qualquer tipo de suporte editada em unidades físicas sucessivas, com designações numéricas e/ou cronológicas e destinada a ser continuada indefinidamente.

bb) **Referência:** conjunto padronizado de elementos descritivos, retirados de um documento, que permite sua identificação individual.

cc) **Resumo:** apresentação concisa dos pontos relevantes de um documento.

dd) **Resumo crítico:** resumo redigido por especialistas com análise crítica de um documento. Também chamado de resenha. Quando analisa apenas uma determinada edição entre várias, denomina-se recensão.

ee) **Resumo indicativo:** indica apenas os pontos principais do documento, não apresentando dados qualitativos ou quantitativos. De modo geral, não dispensa a consulta ao original.

ff) **Resumo informativo:** informa ao leitor finalidades, metodologia, resultados e conclusões do documento, de tal forma que este possa, inclusive, dispensar a consulta ao original.

gg) **Título:** palavra, expressão ou frase que designa o assunto ou o conteúdo de um documento.

hh) **Subtítulo**: informações apresentadas em seguida ao título, visando esclarecê-lo ou comentá-lo de acordo com o conteúdo do documento.

ii) **Sumário**: enumeração das divisões, seções e outras partes de uma publicação, na mesma ordem e grafia em que a matéria nela se sucede.

jj) **Suplemento**: documento que se adiciona a outro para ampliá-lo ou aperfeiçoá-lo, de acordo com o conteúdo do documento.

■ 1.3
EVENTOS ACADÊMICO-CIENTÍFICOS

O mundo acadêmico promove inúmeros encontros para formalizar, discutir e divulgar o conhecimento científico. São momentos preciosos para se informar sobre tendências, descobertas e quebras de paradigmas, além de ser uma oportunidade de aproximação dos representantes do seu campo de estudos.

Cada uma dessas reuniões possui formatos e objetivos que as tornam diferentes. É, pois, interesse dos sujeitos envolvidos no ambiente acadêmico conhecê-las, já que, cedo ou tarde, delas participarão como ouvintes, organizadores ou expositores. A seguir estão apresentados alguns desses eventos.

► **Assembleia**

É uma reunião composta por delegações representativas de grupos, classes ou regiões. Caracteriza-se por colocar em debate assuntos de interesse dos participantes e tem caráter deliberativo, já que os posicionamentos relevantes do debate são submetidos à votação daqueles que têm autorização para tal. O resultado da votação passa a ser recomendado pela Assembleia como regra para o assunto debatido.

► *Briefing*

É um formato de evento mais comum nos campos da Administração, Comunicação e Relações Públicas. Trata-se de apresentação oral que

AS CONVENÇÕES DO MUNDO ACADÊMICO ■ 33

foca um roteiro de ação capaz de apontar a solução para um problema, normalmente associado a um cliente (real ou criado para fins de estudo). Para desenvolver o trabalho, o expositor, comumente de renome, utiliza-se de um conjunto de informações coletadas para esse fim.

▶ **Ciclo de palestras**

Esse evento propõe a realização de uma série de palestras de professores e especialistas em determinado assunto, com objetivo específico e periodicidade definida (mensal, quinzenal, semanal). Os palestrantes são previamente selecionados e os procedimentos são homogêneos para todos os convidados. Os espectadores, normalmente, comprometem-se a participar da sequência das reuniões.

▶ **Colóquio**

O termo vem do latim e significa "conversação", "palestra". No ambiente acadêmico, trata-se de um espaço promovido para o debate formal entre professores e alunos de diferentes áreas de pesquisa, que se dedicam ao mesmo tema. Normalmente, os participantes leem suas comunicações e, na sequência, realizam o debate.

▶ **Conferência**

É uma apresentação de destaque feita por especialista de um tema. Em geral, realizada no interior de um evento maior, como um congresso, a reunião é dividida em duas etapas: na primeira, o conferencista é colocado num plano de relevo e faz sua exposição, durante o tempo determinado; e na segunda parte, ele responde às perguntas formuladas pelo auditório. A conferência visa a um público específico que demonstra familiaridade com o assunto abordado.

▶ **Congresso**

São reuniões de grande porte promovidas por entidades associativas, visando debater assuntos que interessam a uma determinada área do conhecimento. Podem ser classificadas segundo sua abrangência geográfica: municipal, estadual, regional, nacional ou internacional. Os congressos nacionais podem ter caráter municipal, estadual ou regional, quando interessam a um grupo mais restrito, mas, geralmente, abrangem profissionais de todo o país. Os congressos internacionais podem ser de uma determinada região (Congresso Latino-Americano, Congresso Europeu etc.) ou de âmbito mundial, quando reúnem países de todos os continentes. As sessões de trabalho dos congressos compreendem várias atividades durante todo o dia.

Normalmente, pela manhã, são realizadas conferências com professores convidados; à tarde, as comunicações previamente inscritas e aprovadas pela comissão organizadora, como mesas-redondas, painéis, minicursos, mesas clínicas, colóquios, sessões plenárias etc.; e à noite, ocorrem exposições, lançamentos de livros e outros.

▶ **Debate**

É a discussão entre duas ou mais pessoas de opiniões divergentes sobre determinados aspectos de um mesmo tema ou assuntos em evidência. Em sua formatação, além dos debatedores, há a presença do mediador, que estabelece regras como o tempo de exposição dos oradores, os direitos de cada um, a participação ou não do público e a transmissão do evento em veículos de comunicação.

▶ **Feira**

Historicamente associada a um lugar público onde se expõem e vendem mercadorias, o termo *feira* foi trazido para o ambiente acadêmico para representar um evento no qual são expostos trabalhos de diversas modalidades, ao redor de um único tema. A feira acadêmica (cultural, científica, de negócios) proporciona aos alunos a oportunidade de materializar o conhecimento de alguma teoria estudada e, normalmente, representa a culminância de algum projeto maior, no qual os alunos passam por procedimentos de pesquisas, experiências e produções. O espaço da feira é, assim, reservado para a exposição dos resultados para toda a comunidade escolar, inclusive os pais, assim como para a avaliação dos trabalhos por parte de comissões de professores.

▶ **Fórum**

Reunião abrangente deflagrada pela necessidade de debate e orientações em torno de um problema social (meio ambiente, proteção ao menor abandonado, DSTs, política etc.), no intuito de sensibilizar a opinião pública. Sua estrutura é mais flexível, para permitir maior interação entre os palestrantes e o público que, normalmente, é numeroso. O fórum conta com a figura de um coordenador geral a quem cabe a tarefa de colher as ideias dos diversos grupos e, ao final, apresentar as mais relevantes ao plenário. Tais propostas são postas em votação e, após aprovadas, tornam-se objetivos a serem perseguidos pelas instâncias ali representadas.

▶ **Grupo de foco**

É a reunião de conjunto restrito de pessoas que possuem conhecimentos e papéis inerentes ao tema a ser focalizado e que se propõem a participar de um diálogo sobre tal assunto, conduzido por um mediador. É uma excelente metodologia para quem precisa coletar dados de fontes e vozes diferentes. O mediador inicia o encontro, esclarecendo os objetivos e apresentando os convidados; direciona as perguntas, seguindo um roteiro preparado com antecedência; bem como encerra o evento, procurando resumir as principais ideias que foram construídas.

▶ **Jornada**

É um evento científico caracterizado pela realização de reuniões de determinados grupos, em dias sequenciais, com o objetivo de discutir um ou mais assuntos que, geralmente, não são discutidos em congressos maiores. São considerados congressos em miniatura, que reúnem grupos de uma determinada instituição ou região em épocas diferentes das dos congressos. Esses eventos oportunizam a apresentação de práticas, de trabalhos em andamento, de problemas levantados em dado campo do conhecimento.

► **Mesa-redonda**

É uma reunião formal e clássica, composta de três a cinco pessoas, que têm a finalidade de discutir, em profundidade, um tema que tenha vários intervenientes. A mesa é estruturada por: uma abertura, na qual o mediador apresenta o tema, os participantes, a ordem e os tempos das falas; o desenvolvimento, parte em que os convidados expõem suas comunicações, o público lhes dirige perguntas e a mesa se abre para o debate; e o encerramento, quando o mediador conclui a discussão com um resumo das principais ideias debatidas, agradecendo a todos os participantes do evento. Grande parte do êxito de uma mesa-redonda se deve ao trabalho do coordenador/mediador, a quem cabe conduzir os trabalhos e moderar as discussões em torno do tema, para que os participantes não se percam com relação ao foco ou ao tempo. A mesa difere de um debate, porque, neste último, os componentes devem, necessariamente, ter ideias divergentes, e a mesa-redonda pode ser complementar e compor um evento maior, como um congresso ou seminário.

► **Semana acadêmica**

É um evento realizado pelos cursos de graduação, com o fim de promover a divulgação de trabalhos e pesquisas realizados no âmbito das salas de aula. Busca, também, a integração entre estudantes, professores, funcionários e comunidade em geral, que objetivam compartilhar, discutir e trocar vivências. Em sua programação, podem ser inseridos convidados para palestras, debates, painéis, oficinas, minicursos e atividades artístico-culturais adequadas à proposta do evento.

► **Seminário**

Trata-se de um encontro de especialistas em determinado assunto com uma plateia detentora de considerável conhecimento prévio sobre o tema. O evento se divide em três partes: a exposição dos convidados; a discussão do tema em todos os aspectos, incluindo a participação do público; e a conclusão do coordenador, enfatizando as opiniões predominantes e realizando as recomendações finais da reunião. O moderador deve ser um especialista capaz de levantar questões, fazer proposições e suscitar o debate.

▶ Simpósio

É uma reunião acadêmica derivada da mesa-redonda, que visa ao intercâmbio de informações científicas. Os apresentadores têm renome no âmbito do tema e não têm o interesse de definir conclusões sobre ele. É considerado um evento de alto nível, no qual seus membros não debatem entre si, como na mesa-redonda, apenas respondem a perguntas da plateia nominalmente direcionadas. É também mediado por um coordenador.

▶ Painel ou Painel de debates

Evento também derivado da mesa-redonda, no qual os especialistas apresentam diferentes pontos de vista em relação ao assunto da pauta, cabendo ao público apenas assistir ao debate como espectador, sem direito à formulação de perguntas. Outro ponto que difere o painel da mesa-redonda é que, no primeiro, os debatedores são profissionais renomados em suas áreas de atuação, o que não caracteriza a mesa-redonda. Podem compor o painel, além dos debatedores, um presidente ou um moderador.

▶ Plenária

É uma reunião de debate e deliberação, assim como uma assembleia. A diferença é que o grupo se reúne para tratar de apenas um assunto.

▶ *Workshop*

É um evento em formato de oficinas de trabalho, direcionadas de um especialista para um público aprendiz. Nele, alguém que detenha o conhecimento de certa técnica ou atividade ensina-as ao público, daí o caráter de treinamento. O condutor do processo apresenta casos práticos, promove a intensa participação do público e, dentro das condições, estimula a prática. Normalmente, após a exposição da prática, abre-se um momento para debate e, posteriormente, faz-se a conclusão. O *workshop* pode ser um evento isolado, como também incluído em outro evento maior, como seminário ou congresso.

■ 1.4
TÍTULOS, CURSOS E DISTINÇÕES ACADÊMICAS

Outro aspecto do contexto acadêmico que é alvo de dúvidas é o funcionamento do sistema de ensino superior (FERRAREZI JR., 2012), no qual está incluído o significado de alguns títulos e distinções específicas desse ambiente. Destacamos, a seguir, alguns deles:

Especialista – É aquele que cursa uma pós-graduação *lato sensu* (expressão latina que significa "sentido amplo"). O curso deve ter a duração mínima de 360 horas.

MBA – Abreviação do inglês *Master in Business Administration*. São cursos em nível de especialização, destinados a profissionais que desejam alavancar sua carreira, ampliando seu conhecimento na área de Administração. São mais indicados a alunos que têm uma finalidade específica para atender a uma demanda sinalizada pelo mercado de trabalho.

LLM – Abreviação de *Master of Laws*. São cursos oferecidos a profissionais maduros com considerável bagagem teórica e prática. Apesar de o nome remeter ao título de mestre, no Brasil, tais modalidades têm sido oferecidas, normalmente, com uma carga horária próxima a 360 horas e uma duração inferior a 2 anos, situando-as no nível de pós-graduação *lato sensu*. Diferentemente ocorre nos Estados Unidos, por exemplo, onde esses cursos são equiparáveis ao mestrado.

Mestrado profissional – É a denominação aplicada a programas de mestrado, no nível de pós-graduação *stricto sensu* (expressão latina que significa "sentido estrito"), que formam profissionais de elevada qualificação para o mercado de trabalho, com uma demanda de capacitação bem definida. O mestrado profissional é menos teórico do que o acadêmico e enfatiza estudos e técnicas diretamente voltados a um qualificado desempenho profissional. Essa ênfase é a única diferença em relação ao mestrado acadêmico, que também confere o grau de mestre a quem o realizar. Para a obtenção do grau, o mestrando deve apresentar um estudo mais prático, por exemplo, um estudo de caso, um projeto de aplicação etc. Atualmente, existem cerca de 600 mestrados profissionais no país, recomendados pela Coordenação de Aperfeiçoamento de Pessoal de Nível Superior (Capes).

Mestrado acadêmico – Pós-graduação *stricto sensu* voltada para o ensino e a pesquisa. Oferece o título de mestre em determinado campo do saber, sendo um curso indicado a quem deseja seguir a carreira acadêmica. Na seleção para o ingresso, é necessário fazer provas de conhecimento específico e de língua estrangeira e, para a conclusão e obtenção do título de mestre, exige-se a defesa de uma dissertação.

Mestre – MSc. *Magister* ou *Magistrae Scientiae* – em latim significa pessoa que dirige, comanda, é professor, conselheiro, que ensina, instrui os conhecimentos científicos e técnicos nas diversas áreas do conhecimento humano. Torna-se um mestre aquele que cursa o mestrado acadêmico ou profissional.

Doutor – DSc.(ou Dr./Dr.ª). *Doctororis* ou *Doctus Scientiae* – em latim significa pessoa que ensina, que é instruída, sábia, sobre os conhecimentos científicos e técnicos nas diversas áreas do conhecimento humano. Torna-se um doutor aquele que cursa o doutorado, defende uma tese, demonstrando capacidade de contribuir para a evolução do seu campo científico e de nele desenvolver investigações.

Ph.D. – *Philosophus Doctororis* ou *Doctus* – Doutor em Filosofia. Embora seja um curso realizado após o doutorado, ele possui grau equivalente.

O título de Ph.D. era, anteriormente, conferido àqueles que cursavam universidades da Europa e dos EUA. Hoje em dia, no Brasil, já existem programas de Ph.D., muitos deles com proposta sanduíche, na qual uma parte do curso é realizada em instituições estrangeiras.

Curiosidade

O título de *Doutores Sapientiae* foi outorgado pela primeira vez no século XII ao filósofo Santo Tomás de Aquino. O grau de doutorado, conferido no Brasil, equivale ao de Ph.D. no restante do mundo.

Um tema controverso: médicos e advogados são doutores?

O *Manual de Redação da Presidência da República* orienta que deverá ser chamado de doutor quem concluiu o curso acadêmico de doutorado, definindo-o como um título acadêmico, não como um pronome de tratamento.

Entretanto, no Brasil, advogados e médicos são chamados de doutores, mesmo sem o curso de doutorado. Por quê?

Em agosto de 1827, na época da criação dos primeiros cursos de Direito no Brasil, D. Pedro I, por Decreto Imperial, instituiu que o título de doutor seria concedido aos formados em Direito que, posteriormente, defendessem uma tese, nos termos do estabelecido em estatutos da época, sendo esse grau conferido aos advogados que quisessem seguir carreira acadêmica. Se apenas concluísse o curso, o formato seria chamado de bacharel. Entretanto, à época, tornou-se um constrangimento perguntar se o advogado tinha ou não defendido uma tese e se era militante acadêmico para definir o modo de tratá-lo. Desse fato, originou-se a tradição de chamar todo bacharel em Direito de doutor. A Constituição de 1891, artigo 72, § 2º, extinguiu todas as ordens honoríficas preexistentes, e a Lei nº 9.394/96 (LDB) reservou o título àquele que legal e formalmente cursar um programa de doutorado e defender publicamente uma tese. Apesar disso, o modo de tratamento continua forte.

Quanto aos médicos, cuja opção de tratamento não é exclusividade brasileira, foram assim chamados a partir do século XIX. A explicação pode estar no sentido etimológico da palavra "doutor", associado a ensino, magistério, que pressupõe uma função que exige notório conhecimento. Isso pode conduzir à suposição de que esse profissional merecesse ser chamado de doutor. Trata-se, contudo, de uma hipótese, já que, no caso dos médicos, não há uma defesa legal para o modo de tratamento. Aliás, a abreviação M.D. usada por alguns médicos antes do nome significa *medical degree*, ou seja, formado em Medicina, não *medical doctor*, como alguns pensam.

Resumindo, legítimo ou não, presente real ou não, o fato é que, por uma questão de costume e educação, médicos e advogados continuam a ser chamados de doutores, não por titularidade, como prevê a lei, mas por tradição.

Professor auxiliar – Professor graduado em curso superior e que pode auxiliar o trabalho de um outro professor.

Professor-assistente – Professor com formação a partir do mestrado, com atribuições de docência na graduação e pós-graduação *lato sensu*.

Professor adjunto – Professor com título de doutor ou de livre-docência que assume atividades de ensino e pesquisa em cursos de pós-graduação *stricto sensu*, coordenação de projetos de pesquisa, orientação de alunos de pós-graduação *stricto sensu* e participação em banca de concurso para classe de professor-assistente.

Professor titular – Portador do título de doutor ou de livre-docente, professor adjunto ou pessoa de notório saber. O título de notório saber é reconhecido por uma comissão composta por três docentes da classe de professor titular.

Professor emérito – Título concedido a um professor aposentado, que tenha atingido alto grau de destaque no exercício de sua atividade acadêmica, com produção e atividade científica relevante, conquistando grande reconhecimento pela comunidade universitária. Trata-se da maior honraria existente hoje no meio acadêmico.

Doutor *honoris causa* – Locução latina que significa "por causa de honra". É um título honorífico concedido por universidades a pessoas importantes, que não carecem, necessariamente, de serem portadoras de um diploma universitário, mas que se tenham destacado em determinada área das artes, ciências, filosofia, letras, promoção da paz, de causas humanitárias etc. por possuir boa reputação, virtude, mérito ou por ações de serviço que extrapolam o meio familiar, grupos ou instituições. Pode-se usar a abreviação "Dr. h. c." e, caso a pessoa já possua o título de doutorado acadêmico, utilizar-se-á a abreviação "Dr. Dr. h. c.". Recebe o mesmo tratamento e privilégios que aqueles que obtiveram um doutorado acadêmico de forma convencional.

Livre-docente – Título obtido por meio de concurso por alguém que adquiriu conhecimentos extraordinários e contribuiu significativamente para a promoção do campo no qual atua. A livre-docência é regulada pelas Leis nº 5.802/72 e nº 6.096/74, pelo Decreto nº 76.119/75 e pelo Parecer nº 826/98, do extinto Conselho Federal de Educação. O concurso de livre-docência é aberto por edital e os inscritos deverão, além de se submeter a uma prova escrita, desenvolver uma tese sobre um tema acadêmico e defendê-la perante uma banca examinadora, podendo, dependendo da área, ser exigida uma prova prática. Anteriormente, a livre-docência era aberta a qualquer professor da instituição, mas hoje em dia só podem candidatar-se os professores já portadores do título de doutor e que atestam uma qualidade superior na docência e na pesquisa. Um profissional com o título de doutor pode requerer um concurso para livre-docente e deve ser aprovado com média mínima sete. Ele pode, também, receber o título de professor-associado.

Curiosidade

No Brasil, somente algumas instituições ainda publicam editais para livre-docência. São elas: a Universidade de São Paulo (USP), a Universidade Estadual de Campinas (Unicamp) e a Universidade Estadual Paulista (Unesp). Nas instituições de ensino superior federais, a livre-docência praticamente desapareceu, pois o professor adjunto pode, se houver vaga, prestar concurso para professor titular. Uma exceção é a Universidade Federal de São Paulo (Unifesp).

■ 1.5
INFORMAÇÃO E DOCUMENTAÇÃO: AS NORMAS DA ABNT A SERVIÇO DA ACADEMIA

A Associação Brasileira de Normas Técnicas (ABNT) é uma organização não governamental, mantida com recursos da contribuição dos seus associados e do governo federal. No Brasil, ela representa a International Organization for Standardization (ISO) e a Associação Mercosul de Normalização (AMN), e é responsável pela adaptação, criação e comercialização das normas nacionais. Dentre suas atribuições está a normalização do trabalho científico, amplamente utilizada no ambiente acadêmico, lugar em que o conhecimento científico é privilegiado.

As suas normas são antecedidas pelas siglas ABNT/NBR e pelo número correspondente. A seguir, selecionei algumas de uso mais recorrente na elaboração de trabalhos acadêmico-científicos.

Quadro 3 – Normas da ABNT a serviço da academia

Norma número	Ano de publicação	Objeto da norma
NBR ISO/2108	2006	Número Padrão Internacional de Livro (ISBN).
NBR 5892	1989	Condições exigíveis para indicação da data de um documento.

NBR 6021	2015 (errata de 2016)	Publicação periódica técnica e/ou científica.
NBR 6022	2018	Artigo em publicação periódica técnica e/ou científica.
NBR 6023	2018	Referências.
NBR 6024	2012/2016	Numeração progressiva das seções de um documento.
NBR 6025	2002/2015 (em revisão)	Revisão de originais e provas.
NBR 6027	2003/2016	Requisitos para apresentação de sumário.
NBR 6028	2003/2017 (em revisão)	Requisitos para redação e apresentação de resumos.
NBR 6029	2006/2017 (em revisão)	Elementos que constituem livros e folhetos.
NBR 6032	1989	Abreviação de títulos de periódicos e publicações seriadas.
NBR 6033	1989	Critérios de aplicação da ordem alfabética em listas, índices, catálogos, bibliografias e trabalhos de natureza semelhante.
NBR 6034	2004/2015	Requisitos e critérios básicos para a elaboração de índices.
NBR 9578	1986/2014 (em revisão)	Termos empregados em arquivos em geral.
NBR 10518	2005/2019	Guias de unidades informacionais.
NBR 10520	2002/2014	Citações em documentos.
NBR 10525	2005/2017	Número Padrão Internacional para Publicação Seriada – ISSN.
NBR 10719	2015	Relatório técnico e/ou científico.
NBR 12225	2004/2015	Requisitos para a apresentação de lombadas.
NBR 12676	1992/2019	Método para análise de documentos, determinação de seus assuntos e seleção de termos de indexação.
NBR 14724	2011	Princípios gerais para a elaboração de trabalhos acadêmicos.
NBR 15287	2011/2015	Princípios gerais para apresentação de projetos de pesquisa.
NBR 15437	2006/2015	Pôsteres técnicos e científicos.

Fonte: Elaborado pela autora.

■ 1.6
MÉTODO VANCOUVER

Este é o método internacional usado nos cursos da área da saúde. Foi elaborado a partir de documento do *International Committee of Medical Journal Editors* (ICMJE) e publicado na revista *Saúde Pública* (vol. 333, p. 6-15, fev. 1999). Assim como a ABNT, o Método Vancouver sistematiza a apresentação e documentação de monografias, teses, *papers*, projetos de pesquisa, artigos científicos, resenhas etc., sendo que algumas diferenças são observadas na formatação de ambas as normas. Dessa forma, para submeter um artigo científico, por exemplo, à publicação em um periódico internacional, o pesquisador da área da saúde deve adaptar a formatação do seu texto às normas do Vancouver. Saiba mais em: <http://www.icmje.org>.

Concluímos, então, o primeiro capítulo deste livro. A seguir, passaremos à exposição sobre a estrutura do trabalho acadêmico.

Princípios gerais dos trabalhos acadêmico-científicos

Neste capítulo, trago a normalização estabelecida pela ABNT para a elaboração de trabalhos acadêmicos, no que diz respeito a seus elementos estruturais, apresentação e formatação. Para essa tarefa, baseei-me, mais diretamente, na NBR 14724, de 2011 (confirmada em 02/12/2019), que especifica os princípios gerais para a elaboração de trabalhos acadêmicos, e em todas as demais referendadas nessa norma.

■ 2.1
A COMPOSIÇÃO ESTRUTURAL DOS TRABALHOS ACADÊMICOS

A estrutura de trabalhos acadêmicos compreende-se em parte externa e parte interna.

Quadro 4 – Esquema de um trabalho acadêmico

PARTE	ELEMENTOS		USO
Externa	Capa		Obrigatório
	Lombada		Opcional
Interna	Pré-textuais	Folha de rosto	Obrigatório
		Errata	Opcional
		Folha de aprovação	Obrigatório
		Dedicatória	Opcional
		Agradecimentos	Opcional
		Epígrafe	Opcional
		Resumo na língua vernácula	Obrigatório
		Resumo em língua estrangeira	Obrigatório
		Lista de ilustrações	Opcional
		Lista de tabelas	Opcional
		Lista de abreviaturas e siglas	Opcional
		Lista de símbolos	Opcional
		Sumário	Obrigatório
	Textuais	Introdução	Obrigatório
		Desenvolvimento	Obrigatório
		Considerações finais	Obrigatório
	Pós-textuais	Referências	Obrigatório
		Glossário	Opcional
		Apêndice	Opcional
		Anexo	Opcional
		Índice	Opcional

Fonte: ABNT NBR 14724 (2011).

■ **2.1.1**
Parte externa

É composta pela capa (elemento obrigatório) e pela lombada (elemento opcional), registrados conforme a seguir.

Figura 1 – Modelo de capa

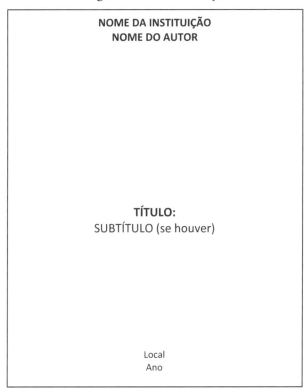

Fonte: Elaborada pela autora.

▶ Capa

As informações são apresentadas em fonte 12, na seguinte ordem:

a) nome da instituição (opcional);
b) nome do autor;
c) título: deve ser claro e preciso, identificando o seu conteúdo e possibilitando a indexação e recuperação da informação;

d) subtítulo: se houver, deve ser precedido de dois-pontos, evidenciando a sua subordinação ao título;

e) número do volume: se houver mais de um, deve constar em cada capa a especificação do respectivo volume;

f) local (cidade) da instituição onde o trabalho deve ser apresentado;

g) ano de depósito (da entrega).

> **Nota**
>
> No caso de cidades homônimas, é recomendável o acréscimo da sigla da unidade da federação.

► **Lombada**

Apresentada conforme a ABNT NBR 12225, de 2004 (confirmada em 02/12/2019).

a) O nome do autor impresso no mesmo sentido da lombada. Se houver mais de um autor, os nomes devem ser impressos um abaixo do outro nas lombadas horizontais e separados por sinais de pontuação, espaços ou sinais gráficos nas lombadas descendentes, abreviando-se ou omitindo-se o(s) prenome(s), quando necessário, no caso de autores pessoais.

b) O título deve ser impresso no mesmo sentido do(s) nome(s) do(s) autor(es), abreviado, quando necessário.

c) O título de lombada impresso horizontalmente quando o documento está em posição vertical.

d) O título de lombada impresso longitudinalmente e legível do alto para o pé da lombada, o que possibilita a leitura, quando o documento está com a face dianteira voltada para cima.

■ **2.1.2**
Parte interna

É composta pelas partes pré-textuais, textuais e pós-textuais, apresentadas conforme a ordem a seguir.

Figura 2 – Modelo do anverso da folha de rosto

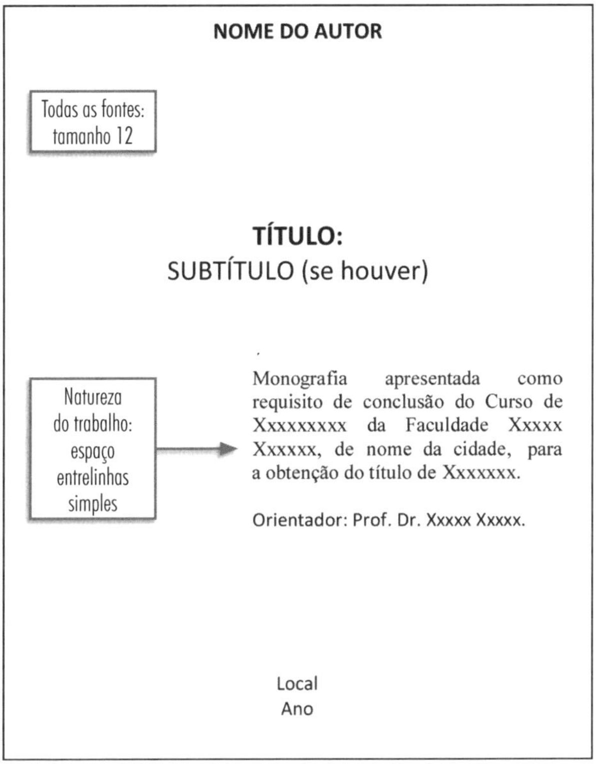

NOME DO AUTOR

Todas as fontes: tamanho 12

TÍTULO:
SUBTÍTULO (se houver)

Natureza do trabalho: espaço entrelinhas simples

Monografia apresentada como requisito de conclusão do Curso de Xxxxxxxxx da Faculdade Xxxxx Xxxxxx, de nome da cidade, para a obtenção do título de Xxxxxxx.

Orientador: Prof. Dr. Xxxxx Xxxxx.

Local
Ano

Fonte: Elaborada pela autora.

■ 2.1.2.1
ELEMENTOS PRÉ-TEXTUAIS

▶ **Folha de rosto (anverso ou frente)**

É a página que traz as identificações pessoais e institucionais do trabalho. Os elementos devem ser apresentados na seguinte ordem:

a) nome do autor;

b) título;

c) subtítulo, se houver;

d) número do volume; se houver mais de um, deve constar em cada folha de rosto a especificação do respectivo volume;

e) natureza: tipo do trabalho (tese, dissertação, trabalho de conclusão de curso e outros) e objetivo para aprovação em disciplina, grau pretendido e outros; nome da instituição a que é submetido; área de concentração;

f) nome do orientador e, se houver, do coorientador;

g) local (cidade) da instituição onde deve ser apresentado;

h) ano de depósito (da entrega).

▶ **Folha de rosto (verso)**

Deve conter os dados de catalogação da publicação, conforme o Código de Catalogação Anglo-Americano vigente.

Figura 3 – Aspecto visual de ficha catalográfica

FICHA CATALOGRÁFICA
Elaborada pela Biblioteca da Pontifícia Universidade Católica de Minas Gerais

B823e	Brasileiro, Ada Magaly Matias
	    A emoção na sala de aula: impactos na interação professor/aluno/objeto de ensino / Ada Magaly Matias Brasileiro. Belo Horizonte, 2012.
	    277f.: il.
	
	    Orientadora: Juliana Alves Assis
	    Tese (Doutorado) – Pontifícia Universidade Católica de Minas Gerais.
	Programa de Pós-Graduação em Letras.
	
	    1. Emoções. 2. Interação social. 3. Sala de aula. 4. Análise do discurso. I. Assis, Juliana Alves. II. Pontifícia Universidade Católica de Minas Gerais. Programa de Pós-Graduação em Letras. III. Título.

SIB PUC MINAS

CDU: 159.942

Fonte: Brasileiro (2012).

▶ **Errata**

Usada para apresentar correções dos trabalhos, normalmente, em situações de apresentação oral para bancas avaliadoras. Deve ser inserida logo após a folha de rosto, constituída pela referência do trabalho e pelo texto da errata. É apresentada em papel avulso ou encartado, acrescida ao trabalho depois de impresso.

EXEMPLO

ERRATA

BRASILEIRO, A. M. M. **A emoção na sala de aula**: impactos na interação professor/aluno/objeto de ensino. 277p. Tese (Doutorado em Letras – Linguística e Língua Portuguesa). PUC Minas: Belo Horizonte, 2012.

Folha	Linha	Onde se lê	Leia-se
53	22	Dispositivo	Disposição

▶ **Folha de aprovação**

Página que identifica o trabalho e a banca que o avaliará. Deve ser inserida após a folha de rosto, constituída pelo nome do autor do trabalho, título do trabalho e subtítulo (se houver), natureza (tipo do trabalho, objetivo, nome da instituição a que é submetido, área de concentração), data de aprovação, nome, titulação e assinatura dos componentes da banca examinadora e instituições a que pertencem. A data de aprovação e as assinaturas dos membros componentes da banca examinadora devem ser colocadas após a aprovação do trabalho.

Figura 4 – Modelo de folha de aprovação

NOME DO ALUNO

TÍTULO DO TRABALHO

Tese apresentada ao Curso de Doutorado em *Xxxxxxx Xxxxxx* do Programa de Pós-Graduação em *Xxxxxxxx Xxxxxx* da (*Nome da Instituição*), na *Linha de Pesquisa Xxxxxxxx Xxxxxx*, que foi avaliada e aprovada pela banca examinadora constituída pelos seguintes professores, em: ___/___/___.

Prof. *Dr. Fulano de Tal* - Orientador

Prof. Dr. *Fulano de Tal – Instituição*

Prof.ª Dr.ª *Fulana de Tal – Instituição*

Prof.ª Dr.ª *Fulana de Tal – Instituição*

Prof.ª Dr.ª *Fulana de Tal – Instituição*

Fonte: Elaborada pela autora.

▶ **Dedicatória**

Espaço destinado a homenagear as pessoas mais íntimas. Deve ser inserida após a folha de aprovação. Aceita-se *layout* do autor e não se usa título.

▶ **Agradecimentos**

Espaço reservado ao agradecimento àqueles que, de algum modo, contribuíram para o desenvolvimento do trabalho. Devem ser inseridos após a dedicatória. O título AGRADECIMENTOS deve ser centralizado, em negrito e em caixa-alta (letras maiúsculas).

▶ **Epígrafe**

É uma citação simbólica feita no início do trabalho com a intenção de ilustrar ou resumir. Elaborada conforme as regras de citação. Podem também constar epígrafes nas folhas ou páginas de abertura das seções primárias.

▶ **Resumo na língua vernácula**

Elaborado conforme a ABNT NBR 6028 (confirmada em 09/10/2017). Deve informar os objetivos, as justificativas, o método, os resultados e a conclusão. A extensão deve ser de 100 a 250 palavras para artigos e monografias, e de 150 a 500 palavras para dissertações e teses. Após o resumo, segue-se a lista de até 5 palavras-chave, separadas e finalizadas por ponto e iniciadas por letras maiúsculas.

▶ **Resumo em língua estrangeira**

Segue as mesmas regras do resumo na língua vernácula. Normalmente, escolhe-se a língua que mais difunde o tema em estudo.

▶ **Lista de ilustrações**

Elaborada de acordo com a ordem apresentada no texto, com cada item designado por seu nome específico, travessão, título e respectivo número da folha ou página. Quando necessário, recomenda-se a elaboração de lista própria para cada tipo de ilustração (desenhos, esquemas, fluxogramas, fotografias, gráficos, mapas, organogramas, plantas, quadros, retratos e outras).

> **EXEMPLO**
>
> **LISTA DE QUADROS**
> Quadro 1 – Inventário de emoções 46

▶ **Lista de tabelas**

Elaborada de acordo com a ordem apresentada na obra, com cada item designado por seu nome específico, acompanhado do respectivo número da página ou folha.

EXEMPLO

LISTA DE TABELAS

Tabela 1 – Intervenções didático-discursivas incentivadoras
da Turma 613   128

Tabela 2 – Intervenções didático-discursivas disciplinadoras
da Turma 613   131

▶ **Lista de abreviaturas e siglas**

Consiste na relação alfabética das abreviaturas e siglas utilizadas, seguidas das palavras ou expressões correspondentes grafadas por extenso. Recomenda-se a elaboração de lista própria para cada tipo.

EXEMPLO

LISTA DE ABREVIATURAS

Fil.   Filosofia

P. ext.   Por extenso

LISTA DE SIGLAS

IBGE   Instituto Brasileiro de Geografia e Estatística

ABNT   Associação Brasileira de Normas Técnicas

▶ **Lista de símbolos**

Elaborada de acordo com a ordem apresentada no texto, com o devido significado.

> **EXEMPLO**
>
> **LISTA DE SÍMBOLOS**
>
> §   Parágrafo
>
> ®   Marca registrada
>
> ∞   Infinito

► **Sumário**

É o último elemento pré-textual e deve ser elaborado conforme a ABNT NBR 6027, de 2012 (confirmada em 14/10/2016).

a) A palavra SUMÁRIO deve ser centralizada, em caixa-alta, negrito e com a mesma tipologia da fonte utilizada para as seções primárias.

b) A subordinação dos itens do sumário deve ser destacada pela apresentação tipográfica utilizada no texto.

c) Os elementos pré-textuais não devem constar no sumário.

d) A ordem dos elementos do sumário deve ser conforme os indicativos das seções que o compõem, os quais devem ser alinhados à esquerda.

e) Os títulos e os subtítulos, se houver, sucedem os indicativos das seções. Recomenda-se que sejam alinhados pela margem do título do indicativo mais extenso.

f) O(s) nome(s) do(s) autor(es), se houver, sucede(m) os títulos e os subtítulos.

g) A paginação deve ser apresentada sob uma das formas: número da primeira página (exemplo: 27); números das páginas inicial e final, separadas por hífen (exemplo: 91-143); ou números das páginas em que se distribui o texto (exemplo: 27, 35, 64 ou 27-30, 35-38, 64-70).

> **EXEMPLO**
>
> ### SUMÁRIO
>
> 1 INTRODUÇÃO 12
> 2 REFERENCIAL TEÓRICO 14
> 2.1 A educação para todos 15
> *2.1.1 Os sujeitos educacionais* 17

■ 2.1.2.2
ELEMENTOS TEXTUAIS

A ABNT NBR 14724, de 2011, orienta que o texto deverá ser composto de uma parte introdutória, o desenvolvimento e uma parte conclusiva, sendo que a nomenclatura dos títulos fica a critério do autor.

► O conteúdo da introdução

A introdução de um trabalho acadêmico-científico serve para situar o leitor quanto ao que está sendo pesquisado, por que, para que e como. Em virtude disso, deve apresentar: o tema, de modo contextualizado; os objetivos do trabalho; as razões/justificativas de sua elaboração; a hipótese da pesquisa, se houver; uma menção ao método utilizado. Em trabalhos maiores, cabe o anúncio do modo de organização textual.

► O conteúdo do desenvolvimento

Tem o objetivo de detalhar a pesquisa ou estudo realizado. Normalmente, é constituído por mais de um capítulo ou parte que se ocupa de: apresentar o referencial teórico que sustentará o debate posterior; detalhar a metodologia da pesquisa, conferindo-lhe cientificidade; apresentar os dados coletados, quando for o caso, realizando as devidas análises.

► O conteúdo da conclusão

Na conclusão, o pesquisador tem o compromisso de apresentar os resultados do estudo, avaliando os objetivos propostos, a hipótese levantada, as justificativas e o método utilizado. É o espaço, também, para as recomendações cabíveis ao encaminhamento da questão.

2.1.2.3
ELEMENTOS PÓS-TEXTUAIS

A ordem dos elementos pós-textuais deve ser apresentada conforme a sequência a seguir.

▶ **Referências**

É a relação de todas as obras utilizadas para a produção do trabalho e deve ser elaborada conforme a ABNT NBR 6023/2018.

▶ **Glossário**

É uma lista de palavras desconhecidas ou termos técnicos e seus respectivos significados. Elaborado em ordem alfabética.

> **EXEMPLO**
>
> Deslocamento: peso da água deslocada por um navio flutuando em águas tranquilas.
>
> Sustentabilidade: conceito sistêmico relacionado com a continuidade dos aspectos econômicos, sociais, culturais e ambientais da sociedade humana.

▶ **Apêndice**

Refere-se a textos de autoria do próprio autor que podem, de algum modo, enriquecer ou completar a leitura. Deve ser precedido da palavra APÊNDICE, identificado por letras maiúsculas consecutivas, travessão e pelo respectivo título. Utilizam-se letras maiúsculas dobradas, na identificação dos apêndices, quando esgotadas as letras do alfabeto.

> **EXEMPLO**
>
> APÊNDICE A – TERMO DE CONSENTIMENTO LIVRE E ESCLARECIDO

▶ **Anexo**

Refere-se a textos da autoria de terceiros que poderiam, de algum modo, enriquecer ou completar a leitura. Deve ser precedido da palavra ANEXO, identificado por letras maiúsculas consecutivas, travessão e pelo respectivo título. Utilizam-se letras maiúsculas dobradas, na identificação dos anexos, quando esgotadas as letras do alfabeto.

> **EXEMPLO**
>
> ANEXO A – NORMAS INTERNAS DA ESCOLA INVESTIGADA

▶ **Índice**

Elaborado conforme a ABNT NBR 6034/2004.

■ 2.2
A FORMATAÇÃO DOS TRABALHOS ACADÊMICOS

A apresentação de trabalhos acadêmicos deve ser elaborada conforme as orientações seguintes.

■ 2.2.1
Apresentação gráfica do texto

a) **Papel e impressão**: os textos devem ser digitados em cor preta, no papel branco ou reciclado, no formato A4 (21 cm × 29,7 cm), podendo utilizar outras cores somente para as ilustrações.

b) **Fonte**: tamanho 12 para todo o trabalho, inclusive capa. As citações com mais de três linhas, notas de rodapé, paginação, dados internacionais de catalogação na publicação, legendas e fontes das ilustrações e das tabelas devem ser em tamanho menor e uniforme.

c) **Os elementos pré-textuais**: devem iniciar no anverso da folha, com exceção dos dados internacionais de catalogação na publicação, que devem vir no verso da folha de rosto. Recomenda-se que os elementos textuais e pós-textuais sejam digitados no anverso e verso das folhas.

d) **As margens**: devem ser para o *anverso*, esquerda e superior de 3 cm e direita e inferior de 2 cm; para o *verso*, direita e superior de 3 cm e esquerda e inferior de 2 cm.

2.2.2 Espaçamentos

a) **O texto**: deve ser digitado com espaçamento 1,5 entre as linhas, excetuando-se as citações de mais de três linhas, notas de rodapé, referências, legendas das ilustrações e das tabelas, natureza (tipo do trabalho, objetivo, nome da instituição a que é submetido e área de concentração), que devem ser digitadas em espaço simples (1,0).

b) **O parágrafo**: a nova norma não especifica o recuo do parágrafo. Sugere-se 1,25 cm, sem espaço entre os parágrafos.

Figura 5 – Páginas de texto formatadas

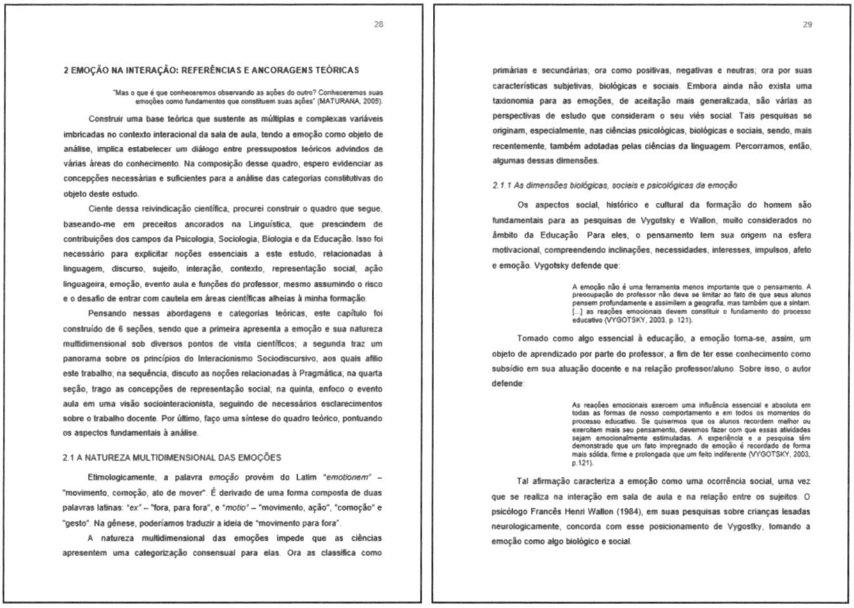

28

2 EMOÇÃO NA INTERAÇÃO: REFERÊNCIAS E ANCORAGENS TEÓRICAS

"Mas o que é que conheceremos observando as ações do outro? Conheceremos suas emoções como fundamentos que constituem suas ações" (MATURANA, 2005).

Construir uma base teórica que sustente as múltiplas e complexas variáveis imbricadas no contexto interacional da sala de aula, tendo a emoção como objeto de análise, implica estabelecer um diálogo entre pressupostos teóricos advindos de várias áreas do conhecimento. Na composição desse quadro, espero evidenciar as concepções necessárias e suficientes para a análise das categorias constitutivas do objeto deste estudo.

Ciente dessa reivindicação científica, procurei construir o quadro que segue, baseando-me em preceitos ancorados na Linguística, que prescindem de contribuições dos campos da Psicologia, Sociologia, Biologia e da Educação. Isso foi necessário para explicitar noções essenciais a este estudo, relacionadas à linguagem, discurso, sujeito, interação, contexto, representação social, ação linguageira, emoção, evento aula e funções do professor, mesmo assumindo o risco e o desafio de entrar com cautela em áreas científicas alheias à minha formação.

Pensando nessas abordagens e categorias teóricas, este capítulo foi construído de 6 seções, sendo que a primeira apresenta a emoção e sua natureza multidimensional sob diversos pontos de vista científicos; a segunda traz um panorama sobre os princípios do Interacionismo Sociodiscursivo, aos quais afilio este trabalho; na sequência, discuto as noções relacionadas à Pragmática; na quarta seção, trago as concepções de representação social; na quinta, enfoco o evento aula em uma visão sociointeracionista, seguindo de necessários esclarecimentos sobre o trabalho docente. Por último, faço uma síntese do quadro teórico, pontuando os aspectos fundamentais à análise.

2.1 A NATUREZA MULTIDIMENSIONAL DAS EMOÇÕES

Etimologicamente, a palavra *emoção* provém do Latim "*emotionem*" – "movimento, comoção, ato de mover". É derivado de uma forma composta de duas palavras latinas: "*ex*" – "fora, para fora", e "*motio*" – "movimento, ação", "comoção" e "gesto". Na gênese, poderíamos traduzir a ideia de "movimento para fora".

A natureza multidimensional das emoções impede que as ciências apresentem uma categorização consensual para elas. Ora as classifica como

29

primárias e secundárias; ora como positivas, negativas e neutras; ora por suas características subjetivas, biológicas e sociais. Embora ainda não exista uma taxionomia para as emoções, de aceitação mais generalizada, são várias as perspectivas de estudo que consideram o seu viés social. Tais pesquisas se originam, especialmente, nas ciências psicológicas, biológicas e sociais, sendo, mais recentemente, também adotadas pelas ciências da linguagem. Percorramos, então, algumas dessas dimensões.

2.1.1 As dimensões biológicas, sociais e psicológicas da emoção

Os aspectos social, histórico e cultural da formação do homem são fundamentais para as pesquisas de Vygotsky e Wallon, muito considerados no âmbito da Educação. Para eles, o pensamento tem sua origem na esfera motivacional, compreendendo inclinações, necessidades, interesses, impulsos, afeto e emoção. Vygotsky defende que:

A emoção não é uma ferramenta menos importante que o pensamento. A preocupação do professor não deve se limitar ao fato de que seus alunos pensem profundamente e assimilem a geografia, mas também que a sintam. [...] as reações emocionais devem constituir o fundamento do processo educativo (VYGOTSKY, 2003, p. 121).

Tomado como algo essencial à educação, a emoção torna-se, assim, um objeto de aprendizado por parte do professor, a fim de ter esse conhecimento como subsídio em sua atuação docente e na relação professor/aluno. Sobre isso, o autor defende:

As reações emocionais exercem uma influência essencial e absoluta em todas as formas de nosso comportamento e em todos os momentos do processo educativo. Se quisermos que os alunos recordem melhor ou exercitem mais seu pensamento, devemos fazer com que essas atividades sejam emocionalmente estimuladas. A experiência e a pesquisa têm demonstrado que um fato impregnado de emoção é recordado de forma mais sólida, firme e prolongada que um feito indiferente (VYGOTSKY, 2003, p.121).

Tal afirmação caracteriza a emoção como uma ocorrência social, uma vez que se realiza na interação em sala de aula e na relação entre os sujeitos. O psicólogo Francês Henri Wallon (1984), em suas pesquisas sobre crianças lesadas neurologicamente, concorda com esse posicionamento de Vygostky, tomando a emoção como algo biológico e social.

Fonte: Elaborada pela autora.

c) **As referências**: ao final do trabalho, devem ser apresentadas em ordem alfabética e separadas entre si por um espaço simples em branco.

d) **Na folha de rosto e na folha de aprovação**: o tipo do trabalho, o objetivo, o nome da instituição e a área de concentração devem ser alinhados do meio da mancha gráfica para a margem direita (um recuo entre 7 e 8 cm).

e) **As notas de rodapé**: devem ser digitadas dentro das margens, ficando separadas do texto por um espaço simples entre as linhas e por filete de 5 cm, a partir da margem esquerda. Devem ser alinhadas, a partir da segunda linha da mesma nota, abaixo da primeira letra da primeira palavra, de forma a destacar o expoente, sem espaço entre elas e com fonte menor.

f) **O indicativo numérico**: o algarismo arábico precede o título de uma seção. É alinhado à esquerda e separado por um espaço de caractere.

g) **Os títulos das seções primárias**: devem começar em página ímpar (anverso), na parte superior da mancha gráfica, e ser separados do texto que os sucede por um espaço entre as linhas de 1,5.

h) **Os títulos das subseções**: devem ser separados do texto que os precede e que os sucede por um espaço entre as linhas de 1,5.

i) **Os títulos que ocupem mais de uma linha**: devem ser, a partir da segunda linha, alinhados abaixo da primeira letra da primeira palavra do título.

> EXEMPLO

3.2.2 *Os tipos de pesquisa e seus instrumentos plurimetodológicos: a geração de dados sob vários ângulos*

j) **Os títulos sem indicativo numérico**: agradecimentos, errata, lista de ilustrações, lista de abreviaturas e siglas, lista de símbolos, resumos, sumário, referências, glossário, apêndice(s), anexo(s) e índice(s) devem ser centralizados.

■ 2.2.3
Paginação

a) **Folhas ou páginas pré-textuais**: devem ser contadas, mas não numeradas.

b) **Trabalhos digitados somente no anverso**: todas as folhas, a partir da folha de rosto, devem ser contadas sequencialmente, considerando somente o anverso.

c) **Numeração**: deve figurar, a partir da primeira folha da parte textual, em algarismos arábicos, no canto superior direito da folha, a 2 cm da borda superior, ficando o último algarismo a 2 cm da borda direita da folha.

d) **Trabalho digitado em anverso e verso**: a numeração das páginas deve ser colocada no anverso da folha, no canto superior direito; e no verso, no canto superior esquerdo.

e) **Trabalho constituído de mais de um volume**: deve ser mantida uma única sequência de numeração das folhas ou páginas, do primeiro ao último volume.

f) **Apêndice e anexo**: as suas folhas ou páginas devem ser numeradas de maneira contínua e sua paginação deve dar seguimento à do texto principal.

Figura 6 – Sistema de enumeração do trabalho acadêmico

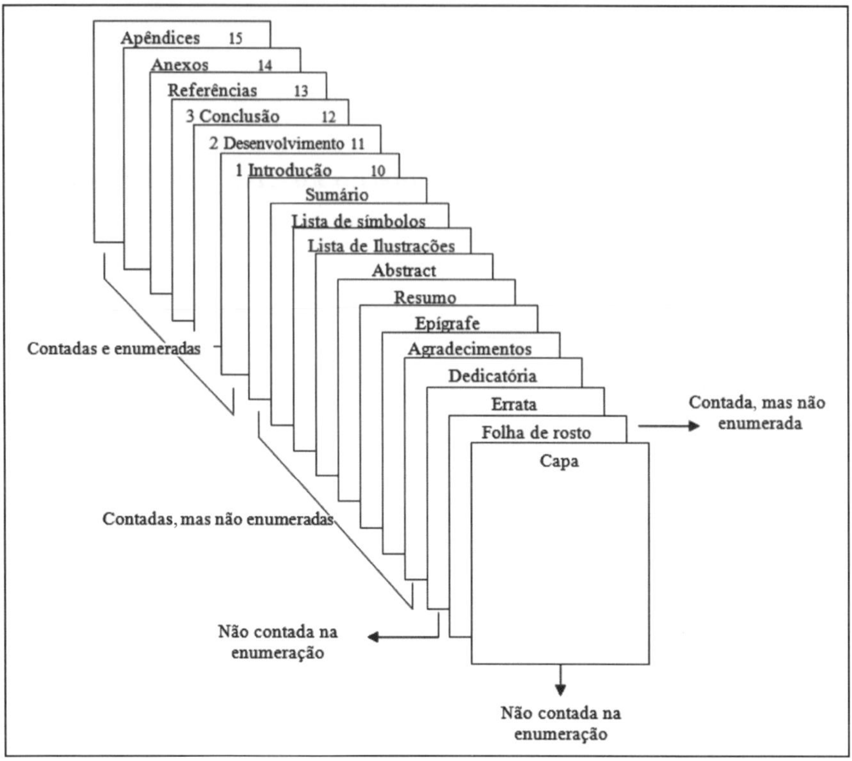

Fonte: ABNT NBR 14724 (2011).

■ 2.2.4
Destaques do texto

a) **Citações**[2] **longas**: devem ser recuadas em 4 cm da margem esquerda, espaço simples, texto justificado, sem parágrafo, sem aspas, e um espaço simples antes e depois da citação.

b) **Siglas**: quando mencionadas pela primeira vez no texto, devem ser indicadas entre parênteses, precedidas do nome completo. Exemplo: Associação Brasileira de Normas Técnicas (ABNT).

c) **Equações e fórmulas**: para facilitar a leitura, devem ser destacadas no texto e, se necessário, numeradas com algarismos arábicos

---

[2] Ver orientações sobre citação na seção 3.4 deste livro, "Citação: um recurso de diálogo com os teóricos".

entre parênteses, alinhadas à direita. Na sequência normal do texto, é permitido o uso de uma entrelinha maior que comporte seus elementos (expoentes, índices, entre outros).

EXEMPLO

(1) $C(X_k) = \sum_{i=0}^{k} p(X_j) \quad \int d(x^2 - 12x + 15)$

$X = \dfrac{-b \pm \sqrt{b^2 - 4ac}}{2a} \quad \int\!\!\!\int\!\!\!\int\!\!\!\int_0 d(x^2 - 12x + 15)$

$\begin{bmatrix} 2 & 5 \\ 4 & 2 \end{bmatrix}$

(2) $f'(c) \stackrel{\text{def.}}{=} \lim_{x \to c} \dfrac{f(x) - f(c)}{x - c}$

d) **Ilustrações**: qualquer que seja o tipo de ilustração, sua identificação aparece na parte superior, precedida da palavra designativa (desenho, esquema, fluxograma, fotografia, gráfico, mapa, organograma, planta, quadro, retrato, figura, imagem, entre outros), seguida de seu número de ordem de ocorrência no texto, em algarismos arábicos, travessão e do respectivo título. Após a ilustração, na parte inferior, indicam-se a fonte consultada (elemento obrigatório, mesmo que seja produção do próprio autor), legenda, notas e outras informações necessárias à sua compreensão (se houver). A ilustração deve ser citada no texto e inserida o mais próximo possível do trecho a que se refere.

EXEMPLO

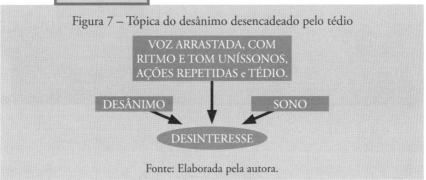

Figura 7 – Tópica do desânimo desencadeado pelo tédio

Fonte: Elaborada pela autora.

e) **Tabelas**: as tabelas apresentam, principalmente, informações numéricas, tratadas estatisticamente, devem ser citadas no texto, inseridas o mais próximo possível do trecho a que se referem e padronizadas conforme as Normas de Apresentação Tabular do Instituto Brasileiro de Geografia e Estatística (IBGE, 1993):

- sua identificação sempre é no topo, em letra tamanho 10 ou 11;[3] o título é precedido pela palavra "Tabela", sem negrito, seguido do seu número de ordem, em algarismos arábicos;
- a fonte deve situar-se logo abaixo da tabela e indicar a obra consultada (elemento obrigatório, mesmo que elaborado pelo próprio autor), em letra tamanho 10 ou 11;
- quando a tabela ficar dividida em mais de uma página, devem-se usar os termos: **continua,** para a primeira página; **continuação**, para as demais páginas; e **conclusão**, para a última página, na sequência da tabela, sendo que o cabeçalho deve constar em todas as páginas, sempre no topo.

> EXEMPLO

Tabela 1 – Intervenções didático-discursivas incentivadoras da Turma X

Intervenção	Professor	Aluno
Aproximar-se dos alunos com afetividade	85%	15%
Ser bem-humorado	71%	11%
Elogiar	57%	94%
Valorizar perguntas interessantes	57%	0%
Trabalhar atividades lúdicas	57%	67%
Pedir para o aluno resolver questões no quadro	57%	25%
Falar sobre assuntos do cotidiano/aplicação prática do assunto	43%	40%
Cumprimentar e despedir-se com alegria e vitalidade	43%	11%
Fazer aula em ambiente diferente	43%	50%
Dar ponto extra	43%	70%
Continua.		

---

[3] Trata-se de uma padronização estabelecida de acordo com cada instituição.

Continuação.		
Intervenção	**Professor**	**Aluno**
Estimular com questões desafiadoras	28%	25%
Justificar o estudo	28%	40%
Dinamizar a aula/fazer grupos de estudo	28%	55%
Fazer esquemas e resumos	14%	4%
Contar piadas	0%	0%
Conclusão.		

Fonte: Dados coletados pela autora (questionários).

f) **Resumo**: digitar em espaço simples e parágrafo único. Em teses, dissertações, TCCs e relatórios, deve conter entre 150 e 500 palavras, nos demais trabalhos, de 100 a 250. Deve ser inserido antes do sumário, com espaçamento entre as linhas de 1,5, entre o resumo e as palavras-chave.

g) **Palavras-chave**: devem aparecer logo abaixo do resumo, separadas entre si por ponto e finalizadas, também, por ponto. Sugerem-se entre três e cinco palavras-chave.

h) **Falas de entrevistas/relatos**: sugere-se recuo de parágrafo de 2 cm da margem esquerda; devem ser digitados em itálico e com espaçamento simples entre as linhas, antes e depois das falas; devem aparecer entre "aspas".

■ 2.2.5
Numeração progressiva

Elaborada conforme a ABNT NBR 6024 (confirmada em 14/10/2016). Estabelece as seções/capítulos e subdivisões/subcapítulos do trabalho, a fim de expor, com clareza, a sequência e a importância do tema e permitir a rápida localização de cada parte. A numeração progressiva deve ser utilizada para evidenciar a sistematização do conteúdo do trabalho em seções. Destacam-se gradativamente os títulos das seções, utilizando-se os recursos de negrito, itálico ou sublinhado e outros, no sumário e, de forma idêntica, no texto.

Conforme a ABNT (2016, p. 1-2), define-se por:

a) **Alínea**: cada uma das subdivisões de uma seção do documento.
b) **Subalínea**: subdivisão de uma alínea.
c) **Indicativo de seção**: número ou grupo numérico que antecede cada seção do documento.
d) **Seção**: parte em que se divide o texto de um documento, que contém as matérias consideradas afins na exposição ordenada de assunto.
e) **Seção primária**: principal divisão do texto de um documento.
f) **Seção secundária, terciária, quaternária, quinária**: divisões de texto em subseções secundária, terciária, quaternária, quinária etc.

Recomenda-se subdividir o trabalho até, no máximo, a seção quinária. Como a norma não padroniza a tipografia de cada seção, segue uma sugestão. De qualquer modo, deve-se seguir o padrão adotado na instituição à qual o pesquisador esteja vinculado.

> EXEMPLO
>
> **1 SEÇÃO PRIMÁRIA** – principal divisão do texto. Todo título com letra maiúscula e negrito.
> 1.1 SEÇÃO SECUNDÁRIA – divisão secundária do texto. Todo o subtítulo com letra maiúscula e sem negrito.
> *1.1.1 Seção terciária* – divisão terciária de um texto. Apenas a inicial da primeira palavra com letra maiúscula e em itálico.
> 1.1.1.1 Seção quaternária – divisão quaternária de um texto. Apenas a inicial da primeira palavra em maiúsculo e sublinhado.
> 1.1.1.1.1 Seção quinária – divisão quinária de um texto. Apenas a inicial da primeira palavra com letra maiúscula.

Além disso, fica definido na norma que:

a) Todas as seções devem conter um texto relacionado a elas, evitando sobreposição de títulos sem texto que os intercale.
b) Errata, agradecimentos, listas de ilustrações, lista de tabelas, lista de abreviaturas e siglas, lista de símbolos, resumo, sumário,

referências, glossário, apêndice, anexo e índice devem ser centralizados e NÃO numerados.

c) Títulos que ocupem mais de uma linha devem ser, a partir da segunda linha, alinhados abaixo da primeira letra da primeira palavra do título.

d) As alíneas devem ser ordenadas por letras minúsculas seguidas de parênteses; a frase começa com letra minúscula e termina com ponto e vírgula, exceto a última, que termina com ponto; a frase que anuncia as alíneas termina com dois-pontos; as letras indicativas são reentradas em relação à margem esquerda.

EXEMPLO

De acordo com Lima (2010), a gramática é dividida em:
a) fonologia;
b) morfologia;
c) sintaxe;
d) semântica;
e) estilística.

e) As subalíneas são introduzidas por travessão, seguido de espaço, letra minúscula e devem terminar em ponto e vírgula, exceto a última subalínea, que termina em ponto-final; devem apresentar recuo em relação à alínea; a segunda e as seguintes linhas do texto da subalínea começam sob a primeira letra do texto da própria subalínea.

EXEMPLO

De acordo com Lima (2010), a gramática é dividida em:

a) fonologia;
b) morfologia:
– processos de formação de palavras;
– classes de palavras;
c) sintaxe;
d) semântica;
e) estilística.

Dimensão metodológica do texto científico

Para que os objetivos de uma pesquisa científica sejam atingidos, é preciso que o pesquisador se comprometa com escolhas metodológicas, procedimentos técnicos e instrumentos adequados à proposta. O detalhamento de todas essas condutas comporta a dimensão metodológica do texto científico.

O caminho percorrido pelo pesquisador, assinalado pelas bases lógicas, pelas características da pesquisa, pelos procedimentos e pelos instrumentos investigativos, bem como por suas ações e reflexões, constitui o **método científico** da pesquisa. Tal método é apresentado no texto, com maior frequência, em seção específica, mas em outros casos, vem acoplado à outra parte ou capítulo (introdução ou análise de dados). Independentemente do espaço ocupado no texto, o importante é assegurar as informações metodológicas como balizadoras do grau de consistência, credibilidade e cientificidade da pesquisa realizada.

O processo de produção de uma pesquisa, em qualquer nível ou área das ciências puras, aplicadas, naturais, humanas, ou outra, deve passar, metódica e sistematicamente, por quatro fases. São elas:

a) **Fase do planejamento**: é a fase em que o pesquisador elabora o projeto de pesquisa e o submete à apreciação da comunidade científica ou, se necessário, ao comitê de ética.

b) **Fase da execução da pesquisa**: é o momento em que o estudante realiza as pesquisas que foram planejadas (bibliográficas, de campo, documentais etc.).

c) **Fase da redação**: este é o momento de relatar a pesquisa realizada em formato de um gênero do discurso: artigo, monografia, dissertação, relatório científico, tese etc.

d) **Fase da avaliação**: é o momento da submissão do trabalho à comunidade científica, a qual pode ocorrer em formato de bancas ou em apresentações em eventos científicos específicos da área.

■ 3.1
BASES LÓGICAS DO MÉTODO CIENTÍFICO

Vinculadas aos fundamentos da Filosofia, as bases lógicas do método científico dizem respeito à opção de raciocínio seguido pelo pesquisador. Sem a pretensão de aprofundar, mas tão somente de anunciar, seguem as modalidades mais comuns relacionadas à pesquisa científica. Os métodos são os raciocínios dedutivo, indutivo, hipotético-dedutivo, dialético e fenomenológico, analisados e explorados por vários filósofos.

72 ■ COMO PRODUZIR TEXTOS ACADÊMICOS E CIENTÍFICOS

a) **Método dedutivo** – Descartes (1596-1650): a construção lógica do raciocínio ocorre do geral para o particular, partindo de uma premissa maior (geral) para uma premissa menor (específica), até chegar à conclusão do problema. Para se fazer um estudo de caso, por exemplo, o pesquisador usa o raciocínio lógico-dedutivo, tentando aplicar uma teoria existente (geral) no caso em estudo (específico).

b) **Método indutivo** – Francis Bacon (1561-1626): considera que o conhecimento é fundado na experiência, não existindo teorias pre-estabelecidas ou desconsiderando as existentes. O cientista, então, parte de observações específicas provenientes da realidade concreta para a elaboração de generalizações. Os estudos que antecedem a redação de um projeto de lei, por exemplo, partem, normalmente, de casos reais (específicos) para a proposição da lei (geral).

c) **Método hipotético-dedutivo** – Karl Popper (1902-1994): consiste na tentativa de explicar um fenômeno a partir da formulação de hipóteses. Em seguida, o pesquisador se esforça para provar a falsidade dessas conjecturas, procedimento que recebe o nome de falseacionismo. Caso a hipótese não seja negada, há a probabilidade de que a hipótese se torne fato científico.

d) **Método dialético** – Karl Marx (1818-1883): é a estratégia de raciocínio baseada na identidade dos contraditórios e na busca de soluções para os problemas considerados em contextos sociopolítico-econômicos. Os argumentos são explorados, admitindo-se que relações contrárias podem conviver e que, nem sempre, se anulam. É um método muito utilizado nas ciências jurídicas.

e) **Método fenomenológico** – Husserl (1859-1938): sem se preocupar com foco indutivo ou dedutivo, o pesquisador se ocupa em descrever direta e objetivamente a experiência, conforme ocorreu. Nesse método, a realidade é construída de acordo com a interpretação do relator, não sendo, portanto, única, pois dependerá da leitura do sujeito pesquisador. É o que ocorre, por exemplo, com os estudos relacionados a experiências aplicadas a fenômenos sociais.

Nos tempos modernos, caracterizados pela assunção da mudança, do incerto e da necessidade de resolução de problemas por meios interdisciplinares, os métodos científicos estanques têm sido criticados, por não serem capazes de captar todas as variáveis dos complexos problemas investigados, com abordagens qualitativas e quantitativas. Isso significa que a ciência não é fruto de um roteiro totalmente previsível. Assim, recomenda-se o emprego não de um método específico, mas da conjugação de mais de um método que possibilite a análise e a obtenção das respostas.

■ 3.2
A CARACTERIZAÇÃO DA PESQUISA

Uma das difíceis tarefas do pesquisador, em sua fase inicial, é a de caracterizar a sua pesquisa quanto aos procedimentos, aos fins, aos meios e à abordagem. Embora ela possa alterá-los no decorrer do percurso, essas definições iniciais trazem ao pesquisador mais segurança em suas decisões e ações.

■ 3.2.1
Métodos de procedimentos da pesquisa

Os métodos de procedimentos explicitam como o pesquisador irá proceder no decorrer de toda a pesquisa. Para se desenvolver satisfatoriamente os objetivos e as hipóteses e, assim, chegar à resposta para o problema, em alguns casos, os pesquisadores associam mais de um método de procedimento. Vejamos alguns deles:

Método experimental, de Mendel	Consiste em realizar experimentos com o objeto de estudo sob condições controladas em laboratório (áreas da Física, Química, Médica etc.) ou no meio social (Psicologia e Sociologia). O processo é observado, registrado e analisado, sob a luz de preceitos técnicos e teóricos adotados pelos pesquisadores.

Método histórico ou materialismo histórico, de Marx e Engels	É o estudo de fatos e fenômenos que aconteceram no passado, investigando as influências na sociedade atual. Buscam-se as origens das relações e dos fatos sociais atuais, a essência dos fatos e da forma como a sociedade se apresenta.
Método estruturalista, de Lévi-Strauss	Tem na estrutura de um sistema social a base em que os fatos e fenômenos concretos acontecem. Consiste em: (1) entender o estado atual de desenvolvimento da estrutura; (2) abstrair essa realidade, construindo seu modelo representativo (objeto de estudo); (3) de volta à realidade do objeto de estudo (estado atual da estrutura), mostra as relações que estão por trás da realidade percebida pelo sujeito.
Método funcionalista, de Durkheim e Spencer	A sociedade é considerada um sistema organizado de atividades sociais e culturais (práticas, normas, crenças, princípios etc.), em que se verifica uma estrutura funcional indispensável à operacionalização da sociedade.
Método observacional, de Kepler e Galileu	O pesquisador procura não interferir nos resultados esperados ou obtidos (ao contrário do experimental). Os fatos e fenômenos, bem como as impressões deles obtidas, constituem o conjunto de informações a serem analisadas que revelarão os resultados encontrados com a observação. Além disso, pode-se verificar que a observação se revela no princípio de toda investigação científica.
Método comparativo, de Stuart Mill	É o estudo comparativo de diversos grupos sociais (indivíduos, classes, fatos e fenômenos sociais) por meio da identificação de semelhanças e/ou diferenças que possam estar ligadas ao espaço e ao tempo.
Método estatístico, de Graunt	Consiste no uso de métodos e técnicas estatísticas para quantificar fatos e fenômenos sociais e naturais.
Método clínico, de Freud	Envolve aspectos subjetivos e comportamentais e demanda profunda relação entre pesquisador e pesquisado, como médico e paciente.
Método monográfico, de Le Play	Defende que, por meio de um estudo de caso em profundidade, pode-se considerá-lo representativo de vários outros casos de igual natureza e semelhança.
Método tipológico, de Max Weber	Pretende criar modelos/tipos ideais da realidade através da separação entre o imaginário, o real e o que deve ser (os juízos de valor).
Método etnológico, de Garfinkel	Busca analisar a cultura (as crenças, os princípios e os valores) e os comportamentos práticos dos indivíduos como sendo a expressão do comportamento socialmente organizado.

Em se tratando de ciência, existem mais divergências do que convergências com relação aos procedimentos. Isso se deve às especificidades e às referências de cada ramo científico. Assim, cabe ao pesquisador e a seu orientador fazer uma análise racional do método (ou dos métodos) mais adequado(s) ao problema em pauta.

No campo do saber jurídico, por exemplo, alguns modelos são adotados para análise de questões científicas, tais como o analítico, que se volta para o caráter formalista da norma; o hermenêutico, que se dedica à interpretação do sistema jurídico; o empírico, que investiga normas de convivência em relação ao ordenamento e às decisões jurídicas; e o argumentativo, que defende a necessidade da apresentação de argumentos válidos e legítimos para a defesa de uma tese (GUSTIN; DIAS, 2010). Em grande parte dos investimentos de estudo, todavia, o pesquisador lança mão de mais de um desses métodos.

■ 3.2.2
A pesquisa quanto aos fins

Quanto às suas finalidades, uma investigação científica pode ser identificada, segundo estudos desenvolvidos por Gil (2008), Lakatos e Marconi (2000) e Vergara (2000), como: exploratória, descritiva, explicativa, metodológica, aplicada e intervencionista.

a) **Pesquisa exploratória**: realizada em propostas de pesquisa em que há pouco conhecimento acumulado por parte da comunidade científica ou quando não existem elementos ou dados suficientes para o pesquisador. Visa tornar determinado fenômeno mais familiar e ajudar o pesquisador a construir hipóteses. O pesquisador faz levantamento bibliográfico, sondagem e observação.

b) **Pesquisa descritiva**: trata-se de uma pesquisa cujo fim é expor e caracterizar um fenômeno ou uma determinada população. Durante o estudo, o investigador utiliza instrumentos de coleta padronizada de dados, como questionário ou formulários de observação sistemática, no intuito de descrever os acontecimentos e estabelecer relações entre variáveis.

c) **Pesquisa explicativa**: objetiva identificar os fatores que incidem na ocorrência de determinados fenômenos, buscando esclarecê-los, explicá-los e justificar as ocorrências que neles interferem. Esse tipo de finalidade é apontado quando o pesquisador pretende esclarecer o porquê das coisas.

d) **Pesquisa metodológica**: é assim caracterizada a pesquisa que objetiva construir e apresentar caminhos, métodos, recursos, técnicas ou formas de captação ou construção da realidade. Ocorre quando o pesquisador busca responder como realizar determinado procedimento.

e) **Pesquisa aplicada**: é o tipo de pesquisa com finalidade prática. Assim, com o objetivo de resolver um problema concreto, o pesquisador apresenta uma proposta, coloca-a em prática e observa as reações e os resultados do fenômeno.

f) **Pesquisa intervencionista**: é um tipo de pesquisa que objetiva interferir na realidade estudada com o intuito de modificá-la. Trata-se, portanto, de uma pesquisa com compromisso de resolver um problema e, normalmente, é realizada em parceria com instituições capazes de dar autonomia de ação ao pesquisador. É o que ocorre, por exemplo, quando uma prefeitura encomenda um estudo para melhorar a qualidade da educação em determinado município, conferindo poderes para o pesquisador atuar sobre os processos.

■ 3.2.3
A pesquisa quanto aos meios

O pesquisador deve, também, definir os meios de investigação, os quais podem ser: bibliográfico, de campo, de laboratório, documental, experimental, levantamento, estudo de caso, *ex-post facto*, pesquisa-ação, participante e etnográfico.

a) **Pesquisa bibliográfica**: estudo desenvolvido com base no levantamento de material publicado em livros, revistas, jornais, redes eletrônicas etc. (MARCONI; LAKATOS, 2001).

É o primeiro passo de quase todas as pesquisas, sendo algumas desenvolvidas exclusivamente por esse meio. Ela possibilita ao pesquisador e, posteriormente, ao leitor, tomar conhecimento, por meio de fontes primárias e secundárias, das principais concepções e descobertas do tema estudado.

b) **Pesquisa de campo**: é uma investigação empírica, realizada *in loco*. O termo é usado para descrever um tipo de pesquisa feito nos lugares da vida cotidiana, fora do laboratório ou da sala de entrevista (MARCONI; LAKATOS, 2008). Em virtude disso, o pesquisador vai a campo para coletar dados por meio de questionários, entrevistas, testes e observações que serão, depois, analisados. A pesquisa de campo alimenta outros tipos de pesquisa, como a experimental, o estudo de caso, a etnográfica e a pesquisa-ação.

c) **Pesquisa de laboratório**: ocorre, normalmente, quando não é possível a pesquisa de campo (SANTOS, 2007). Assim, o pesquisador parte para simulações, testes, experimentos para chegar a possíveis respostas para um problema em questão.

d) **Pesquisa documental**: é um estudo realizado quando há a necessidade de análise de documentos de primeira mão, ou seja, que ainda não foram analisados, e que possam contribuir para a realização da investigação proposta (GIL, 2006). Tais documentos, impressos ou digitais, podem conter informações de cunho público ou privado, históricas ou oficiais, reveladas em fotos, relatos, registros, anais, circulares, balancetes etc. Para a interpretação dos dados documentais, o pesquisador pode construir um roteiro para identificação dos dados, a partir dos objetivos propostos, e para a interpretação desses dados, pode lançar mão da análise de conteúdo ou análise do discurso.

e) **Pesquisa experimental**: é um método de investigação empírica, baseado em experimentos para testar, manipular e controlar algumas variáveis do estudo já testadas em laboratório. Como ela demanda o controle das variáveis estudadas, é mais recomendada para pesquisas das ciências naturais (GIL, 2006). Por exemplo, a análise dos efeitos colaterais de determinado alimento administrado em um grupo X.

f) **Levantamento (*surveys*)**: é um tipo de pesquisa de campo baseado em pesquisas quantitativas (BABBIE, 1999). Nela, o investigador interroga diretamente os sujeitos identificados na pesquisa e, a partir dos dados coletados estatisticamente, procede à análise quantitativa, para chegar a generalizações.

g) **Estudo de caso**: seguindo um raciocínio dedutivo, o pesquisador estuda uma teoria e analisa um caso específico. É usado em pesquisas descritivas, para compreender determinados fenômenos ou situações de modo profundo e detalhado (DENCKER, 2000), possibilitando ao leitor sua compreensão e visualização. É muito utilizado para apresentar vivências de grupos, empresas, comunidades etc., recorrendo a instrumentos de coleta como observação, análise de documentos, entrevista e história da vida. Atualmente, tem sido prática a elaboração de estudos de casos duplos e estudos de casos múltiplos. Esse meio de pesquisa também tem sido considerado um gênero textual.

h) **Pesquisa *ex-post facto***: significa "a partir do fato passado" (GIL, 2006). É o tipo de pesquisa proposta quando o fenômeno em estudo já ocorreu sem a interferência do pesquisador, cabendo a ele verificar o processo ocorrido, sem, contudo, ter controle sobre as variáveis. Um exemplo dessa pesquisa seria a observação do processo de desertificação ocorrido em uma região após um desastre ambiental.

i) **Pesquisa-ação**: é uma pesquisa que demanda a intervenção do pesquisador em uma realidade social, buscando a resolução de um problema coletivo. Nela, os pesquisadores e os sujeitos da pesquisa estão envolvidos de modo cooperativo ou participativo. Implica o contato direto com o campo de estudo, envolvendo o reconhecimento físico do local, a consulta a documentos diversos e a discussão com representantes das categorias sociais envolvidas na pesquisa. Assim, delimita-se o universo da pesquisa e recomenda-se a seleção de uma amostra mais qualitativa do que quantitativa (GIL, 2006). Esse meio de pesquisa conjuga com a finalidade da pesquisa intervencionista.

j) **Pesquisa participante**: pesquisa que ocorre quando há integração do investigador com a situação investigada, fazendo, de algum modo, parte do grupo. A intenção é construir conhecimentos geográficos, sociais, culturais, demográficos, econômicos, educacionais, linguísticos, interacionais etc. do universo estudado. A vantagem desse tipo de pesquisa é que ele permite a observação das ações em profundidade, no próprio momento em que ocorrem (DENCKER, 2000). E uma barreira é a dificuldade de o pesquisador trabalhar com neutralidade, devido a seu alto grau de envolvimento com o objeto e os sujeitos da pesquisa.

k) **Pesquisa etnográfica**: originada das pesquisas em ciências sociais, especialmente, a Antropologia, a pesquisa etnográfica baseia-se na inserção do pesquisador no ambiente pesquisado, permanecendo nele o tempo suficiente para conhecer os sujeitos com profundidade, seus costumes, problemas, cultura etc. Conhecendo-o, tem melhor condição de entender o dado observado. Minayo e Gomes (2010) destacam cinco características de uma pesquisa etnográfica: é histórica; possui consciência histórica por parte dos sujeitos; existe uma identidade entre sujeito e objeto; é intrínseca e extrinsecamente ideológica; é essencialmente qualitativa.

Importante!

Um trabalho científico pode comportar mais de um tipo de pesquisa. A partir dos objetivos pretendidos, o pesquisador deverá identificar e destacar o(s) tipo(s) de pesquisa que irá(ão) direcionar seu trabalho com melhor precisão.

■ 3.2.3.1
PESQUISAS DE REVISÃO BIBLIOGRÁFICA – TIPOLOGIAS

As pesquisas de revisão bibliográfica (ou revisão de literatura) são aquelas que se valem de publicações científicas em periódicos, livros, anais de congressos etc., não se dedicando à coleta de dados *in natura*. Porém, não devem se configurar como uma simples transcrição de ideias. Para realizar essa pesquisa, o investigador pode optar pelas revisões de narrativas convencionais ou pelas revisões mais rigorosas.

■ **3.2.3.1.1**
Revisões de narrativas convencionais

São as consideradas de menor rigor metodológico e, basicamente, são classificadas em quatro tipos (LUNA, 2000):

a) **Determinação do "estado da arte"**: procura mostrar através da literatura já publicada o que já se sabe sobre o tema, quais as lacunas e os principais entraves teóricos ou metodológicos, e estabelecer o estado atual de desenvolvimento da área em estudo.

b) **Revisão teórica**: o problema de pesquisa é inserido em um quadro de referência teórica para explicá-lo. Geralmente, acontece quando o problema em estudo é gerado ou explicado por uma ou várias teorias. Ao final dessa revisão, tem-se construído um quadro teórico.

c) **Revisão empírica**: procura explicar como o problema vem sendo pesquisado do ponto de vista metodológico procurando responder: quais procedimentos normalmente são empregados no estudo desse problema? Que fatores vêm afetando os resultados? Que propostas têm sido feitas para explicá-los ou controlá-los? Que procedimentos vêm sendo empregados para analisar os resultados? Há relatos de manutenção e generalização dos resultados obtidos? Do que elas dependem?

d) **Revisão histórica**: busca recuperar a evolução de um conceito, tema, abordagem ou outros aspectos, fazendo a inserção dessa evolução dentro de um quadro teórico de referência que explique os fatores determinantes de um objeto de estudo, bem como as implicações das mudanças ocorridas.

No desenvolvimento de uma revisão convencional, o autor organiza os tópicos respeitando o tipo de revisão que escolher. Uma revisão convencional histórica, por exemplo, pode ser organizada de maneira cronológica. A teórica pode ser organizada considerando cada uma das teorias em voga, buscando pontos de consenso e dissenso, reunindo dados bibliográficos e os resumindo. Pode-se organizar o raciocínio para determinar o estado da arte por meio de publicações/autores, sinalizando as contribuições de cada um. Por fim, uma revisão empírica pode ser organizada a partir da análise dos métodos identificados.

É válido ressaltar que toda pesquisa científica é também bibliográfica. Assim, mesmo que se trate de um estudo original, que busque coletar e analisar dados, ele terá de se fundamentar, antecipadamente, em uma pesquisa bibliográfica. Dessa forma, essas orientações também são válidas para o capítulo ou seção destinada a tal fundamentação.

■ 3.2.3.1.2
Revisões bibliográficas mais rigorosas

a) **A meta-análise**: análise quantitativa extraída de dados primários. Combina as evidências de múltiplos estudos primários a partir do emprego de instrumentos estatísticos, a fim de aumentar a objetividade e a validade dos achados; os objetivos e as hipóteses dos estudos devem ser muito similares, se não idênticos; nessa abordagem, cada estudo é sintetizado, codificado e inserido em um banco de dados quantitativos (LUIZ, 2002).

b) **Revisão sistemática ou meta-análise qualitativa**: é uma síntese rigorosa de todas as pesquisas relacionadas a uma questão específica, enfocando primordialmente estudos experimentais; segue um método rigoroso de busca e seleção de pesquisas, avaliação de relevância e validade dos estudos encontrados, coleta, síntese e interpretação dos dados oriundos de pesquisa (ROTHER, 2007).

c) **Revisão integrativa**: é a mais ampla abordagem metodológica referente às revisões, pois permite a inclusão de estudos experimentais e não experimentais para uma compreensão completa do fenômeno analisado; pode combinar dados bibliográficos teóricos e empíricos, além de incorporar um vasto leque de propósitos: definição de conceitos, revisão de teorias, evidências e análise de problemas metodológicos de um tópico particular. Seu objetivo é gerar um panorama de conceitos complexos, teorias ou problemas relevantes para a área científica (MENDES; CAMPOS; GALVÃO, 2008).

■ 3.2.4
A pesquisa quanto à abordagem

A referência à abordagem da pesquisa diz respeito ao modo de ver os dados; pode ser quantitativa, qualitativa ou qualiquantitativa.

a) **Pesquisa quantitativa**: tem o intuito de expressar fatos, informações, dados e opiniões em medidas numéricas. Posteriormente, essas medidas são analisadas sob a luz de recursos estatísticos, como: percentagem, média, moda, mediana, desvio-padrão, coeficiente de correlação, análise de regressão etc.

b) **Pesquisa qualitativa**: é aquela que se ocupa da interpretação dos fenômenos e da atribuição de significados no decorrer da pesquisa, não se detendo a técnicas estatísticas. Os processos e suas dinâmicas, as variáveis e as relações entre elas são dados para a construção de sentidos e os principais condutores da abordagem. Trabalha, basicamente, com dois tipos de dados: os verbais – coletados por meio de entrevistas, narrativas, observações, documentos, experimentos e ações; e os visuais – colhidos em experimentos, observações e documentos.

c) **Pesquisa qualiquantitativa**: é o tipo de abordagem em que o pesquisador associa dados qualitativos e quantitativos. Minayo e Gomes (2010) advogam a importância desse olhar ao se trabalhar com objetos complexos, acreditando ser ela uma relação fértil e frutuosa.

■ 3.3
OS PROCEDIMENTOS METODOLÓGICOS PARA APLICAÇÃO DA PESQUISA

Caracterizada a natureza da investigação, o pesquisador precisa escolher os instrumentos, definir universo, amostra e sujeitos (quando houver coleta de dados), esclarecer o modo como serão tratados e analisados os dados.

■ 3.3.1
Instrumentos e procedimentos de pesquisa para a abordagem qualitativa

a) **Roteiro de observação participante**: são questões a serem observadas na busca da compreensão do sentido que os atores atribuem aos fatos (quando, por exemplo, um enfermeiro passa a ser pesquisador da sua própria prática cotidiana).

b) **Entrevista não dirigida ou aberta**: é feita com perguntas abertas e parte do princípio de que o informante é capaz de se exprimir com clareza. O entrevistador deve se manter apenas escutando, anotando e interagindo com breves perguntas.

c) **Grupo de foco (ou *focus group*)**: trata-se de um conjunto restrito de pessoas que possuem conhecimentos e papéis inerentes ao tema a ser pesquisado, as quais se propõem a participar de uma discussão sobre tal assunto. O pesquisador conduz a reunião, tendo como guia um roteiro de questões. Normalmente, o encontro é gravado e, depois, transcrito.

d) **Formulário**: é o instrumento estruturado em uma série de questões, cujas respostas devem ser registradas por um entrevistador numa situação face a face com o informante. Na tabulação dos dados, normalmente, usam-se recursos computacionais, desde uma simples tabela de Excel até sofisticados programas de compilação e cruzamento de informações, motivo pelo qual questões e respostas devem ser codificadas.

e) **Captação de som e imagem**: quando o pesquisador carece de informações mais singulares de dados com alto grau de subjetividade, a filmagem pode imprimir maior consistência e confiabilidade na análise qualitativa de dados. Isso ocorre porque o flagrante da dinâmica do evento proporciona ao pesquisador condições de captar informações de ordem contextual que, dificilmente, seriam reveladas por outro instrumento de coleta. Refiro-me a expressões faciais e gestuais, aos modos como os sujeitos interagem, aos espaços e lugares ocupados por tais sujeitos, aos movimentos de afirmação, negação e reconstrução dos ditos etc., elementos fundamentais para a análise do discurso. É importante lembrar que, antes da gravação, é necessário que os envolvidos assinem um Termo de Consentimento Livre e Esclarecido (TCLE), autorizando a utilização das imagens na pesquisa científica.

f) **Entrevista narrativa**: tem sido usada como alternativa à entrevista semiestruturada e permite ao pesquisador abordar as experiências empíricas do entrevistado, porém de modo mais abrangente (FLICK, 2009). Este procedimento é orientado a partir de uma pergunta gerativa, que deve abarcar o interesse do pesquisador. Tal pergunta pode ser mais geral, se, por exemplo, o estudioso se interessa pela biografia do entrevistado, ou mais específica, caso a preocupação do pesquisador seja uma questão episódica. Cabe ao pesquisador iniciar a questão – "Fale-me da sua história de vida. Como tudo começou?" –, colocar-se na posição de ouvinte atento e ir direcionando o foco da narrativa para o objeto do estudo, procurando, contudo, não interferir no conteúdo da entrevista. Participa da conversa com afirmações breves e questionamentos do tipo: "E o que aconteceu? Como você reagiu? A partir daí, como se desenrolaram os fatos?". Tais interferências poderão dar mais consistência e objetividade aos dados,

g) **Autoconfrontação**: é uma metodologia cujo princípio é fazer da atividade vivida no ambiente de trabalho o objeto de outra experiência, por meio da linguagem, provocando o sujeito a pensar sobre sua atividade e ressignificá-la. Esse procedimento pode ser concretizado de duas formas: a simples e a cruzada. Na autoconfrontação simples, o pesquisador forma o grupo de pesquisa e faz as gravações dos pesquisados durante a realização de sua tarefa. Posteriormente, ele seleciona algumas cenas significativas e assiste a elas com o trabalhador, suscitando nele a descrição do que ele vê no vídeo e propiciando uma relação dialógica com o objeto filmado, com os sujeitos envolvidos na atividade e com o próprio pesquisador. Na modalidade de autoconfrontação cruzada, há o encontro de dois trabalhadores com o pesquisador. Ambos os trabalhadores, cujas atividades foram filmadas, assistem aos vídeos um do outro e comentam sobre suas ações. Essas sessões devem ser gravadas em áudio ou vídeo pelo pesquisador, que faz perguntas, quando julgar necessário, conduzindo as reflexões e tomadas de consciência sobre o que fazem (CLOT *et al.*, 2001). A autoconfrontação se estabelece com a construção de sentidos por meio da imagem para a confrontação e ressignificação do *eu* através do *outro*. Tais procedimentos permitem a reinterpretação das dimensões do trabalho. Surge, assim, o trabalho representado, através da reflexão do trabalhador sobre sua atuação (BRASILEIRO, A. M. M., 2011).

h) **Vinheta narrativa**: na pesquisa etnográfica, o pesquisador imerge no ambiente pesquisado e passa a observar e vivenciar a rotina de determinado grupo. Nessa perspectiva, a vinheta narrativa é um valioso instrumento para destacar aquilo que salta aos olhos do pesquisador, ou por ser diferente, ou por ser recorrente. Ele se põe, então, a narrar um evento completo, no intuito de levar o leitor a ver, sentir e reconhecer aquilo que ele vivenciou presencialmente. Pensando na rotina de uma comunidade indígena, ou urbana, por exemplo, o pesquisador narra um dia naquele grupo, emanando, por meio da sua voz, as impressões, as vozes dos envolvidos, os questionamentos, as perspectivas etc. Esse instrumento é muito eficiente para auxiliar pesquisas com base em diário de bordo.

i) **Diário de bordo**: também denominado diário de campo, trata-se de uma antiga e simples ferramenta de registro de dados qualitativos, em que o pesquisador registra em seu caderno (ou computador) todas as informações que ele achar relevantes para o seu estudo (LESSARD-HÉBERT; GOYETTE; BOUTIN, 1994). Pode ser usado, também, quando o pesquisador precisa explorar melhor o fenômeno observado antes de definir as categorias de observação da pesquisa ou, ainda, em situações de novas descobertas, registrando os fatos cronologicamente com as respectivas observações do pesquisador.

j) **História de vida**: trata-se de um método em que o pesquisador se põe à escuta das diferentes memórias do participante da pesquisa que, ao mesmo tempo que fala sobre si mesmo, tentando reconstruir acontecimentos vivenciados em sua trajetória pessoal, revela dados sobre o grupo social do qual faz parte. A efetivação de tal metodologia qualitativa requer a construção de uma confiança mútua, que permitirá ao participante trazer à tona fatos significativos, que possam não apenas revelar traços identitários, mas também relações com os grupos sociais, profissionais ou familiares, dos quais faz parte. As memórias evocadas, por meio de entrevista aberta, devem ser preferencialmente gravadas e, após transcritas, servir de base para um diálogo entre o participante e o pesquisador. Para Chaui (1987), as reflexões que surgem a partir dessa interação servem de base para o mergulho analítico do pesquisador.

Observa-se que quanto maior for o empenho do pesquisador em realizar os registros, organizando-os cronologicamente, assentando as percepções que teve no instante do flagrante da informação, comentando questões de ordem contextual, maior será a importância do instrumento no momento da análise dos dados.

Duas metodologias de análise muito utilizadas na pesquisa qualitativa são as análises de conteúdo e do discurso:

a) **Análise de conteúdo**: é um procedimento cujo objetivo é analisar o documento com base em abordagens interpretativas. Normalmente, essa análise é feita com o apoio de um roteiro. Pode ser feita uma classificação do texto, uma análise semiótica ou uma análise informacional. Ex.: análise de um *software* educacional.

b) **Análise do discurso**: procedimento que permite uma análise qualitativa dos dados levantados por meio do discurso dos sujeitos da pesquisa. Nesse tipo de procedimento, o pesquisador se preocupa com a linguagem oral ou escrita, em seu contexto de ocorrência, focalizando sentidos, (in)diferenças, sentimentos, (in)seguranças, retenções e sinais. Tendo o contexto como fator relevante, o pesquisador analisa o dito, considerando quem fala, que funções e papéis sociais ele representa, que intenções (implícitas e explícitas) ele tem ao dizer, a quem se dirige o discurso, que inserções e omissões são percebidas, que escolhas linguístico-discursivas determinam as intencionalidades do sujeito. A partir das análises do discurso em movimento, o pesquisador trabalha incluindo as inferências e os não ditos. A análise do discurso não deve se limitar à interpretação, à análise do conteúdo, pois leva em conta seus limites e suas estruturas como elementos de uma unidade de significados (ORLANDI, 2007; BRANDÃO, s.d.).

Fazer pesquisa é tarefa de muita responsabilidade e o produto dela pode alterar paradigmas conceituais ou procedimentais, pode afetar a vida das pessoas. É imprescindível que o pesquisador tenha consciência da dimensão do que faz e procure realizar a pesquisa buscando os melhores caminhos, que nem sempre são os mais fáceis. Não é, portanto, uma empreitada para fazer sozinho. Daí a necessidade do orientador, como aquele sujeito com quem se constrói uma interlocução de coautoria, no intuito de juntos chegarem às melhores respostas acerca dos percursos a seguir.

Outra estratégia de interlocução que tem tido nítido crescimento são as pesquisas colaborativas, aquelas em que dois ou mais pesquisadores ou grupos de pesquisa unem-se em torno de uma proposta, seja em nível institucional ou nacional, seja em nível internacional. A valorização das pesquisas colaborativas e interinstitucionais também se deve à inclusão delas nos critérios internacionais de ranqueamento das instituições de ensino superior.

É importante chamar a atenção para o fato de que ao se tornar um critério de classificação institucional, ao mesmo tempo que tais empreendimentos estimulam a troca de saberes, eles também incitam a competição e uma engrenagem de publicação de pesquisas de qualidade, muitas vezes questionável, mas capaz de alcançar o objetivo mercadológico da pesquisa.

■ 3.3.2
Instrumentos e procedimentos de pesquisa para a abordagem quantitativa

a) **Roteiro de observação sistemática**: nessa técnica, o observador, munido de uma listagem de comportamentos, registra a ocorrência dos itens durante um intervalo de tempo. É aconselhável que o observador se mantenha imperceptível. Para evitar interferências, é comum se utilizar câmeras na observação sistemática.

b) **Questionário estruturado ou dirigido**: é um método rápido e simples para avaliar opiniões, objetivos, anseios, preferências, representações e crenças de pessoas. Nele, o informante apenas escolhe uma entre várias possibilidades de respostas predefinidas ou perguntas de resposta fechada, que são respondidas, ou pelos próprios sujeitos da pesquisa (questionários autoaplicados), ou por observadores que estão avaliando os sujeitos.

■ 3.3.3
Instrumentos e procedimentos de pesquisa para a abordagem qualiquantitativa

Entrevista ou questionário semiestruturado: diferencia-se do questionário estruturado por apresentar questões fechadas mescladas com abertas. O uso de questionário requer algumas condições: o pesquisador deve ter segurança sobre o objetivo de cada questão; as questões devem ser compreensíveis ao informante; o questionário deve seguir uma estrutura lógica, evoluindo da questão mais simples para a mais complexa.

O pesquisador precisa estar ciente de que é comum a necessidade de se utilizar mais de um instrumento de pesquisa, com abordagens plurimetodológicas.

> Antes de aplicar um instrumento de pesquisa, especialmente um questionário, é sempre aconselhável testá-lo para verificar se não é necessário fazer alterações nas questões. É o chamado **pré-teste de instrumento**.

■ 3.3.4
Universo, amostra e sujeitos da pesquisa

Além dos já apresentados, outros procedimentos metodológicos devem ser esclarecidos pelo pesquisador. Dentre eles, destacamos o universo, a amostra e os sujeitos da pesquisa, os quais, ao mesmo tempo que definem o tamanho da pesquisa, revelam o objeto e o alcance do pesquisador.

a) O **universo** é a definição do conjunto de elementos (empresas, produtos, pessoas, público etc.) que serão objeto de estudo. É a população que está sujeita à investigação.

b) A **amostra** de estudo é a parte que representa o universo (todo o conjunto a ser evidenciado). Segundo Vergara (2010), há dois tipos de amostras, a probabilística e a não probabilística:

■ a **amostra probabilística** é baseada em procedimentos estatísticos. Destacam-se a *aleatória simples*, na qual se atribui um número a cada elemento da população e, depois, faz-se a seleção aleatória; a *estratificada*, em que é selecionada uma amostra de cada grupo da população, por exemplo, em termos de sexo, idade, profissão e outras variáveis; e a *por conglomerados*, na qual são selecionados conglomerados, como empresas, edifícios, famílias, quarteirões, universidades e outros elementos;

- a **amostra não probabilística** é aquela baseada em procedimentos subjetivos, qualitativos e é escolhida por *acessibilidade* quando, longe de qualquer procedimento estatístico, o pesquisador seleciona elementos pela facilidade de acesso a eles; e por *tipicidade*, constituída pela seleção de elementos que o pesquisador considere representativos da população-alvo, o que requer profundo conhecimento dessa população.

c) Os **sujeitos** são as pessoas que fornecerão os dados, as informações necessárias para a pesquisa. Às vezes, confundem-se com "universo e amostra", quando estes também são pessoas.

Assim, ao redigir tanto o projeto quanto o relatório final da pesquisa, essas informações devem ser relatadas ao leitor, pois constituem fatores de clareza em relação ao percurso vivido e imprimem credibilidade aos resultados apresentados. Ao construir o relato, o pesquisador deve apresentar ao leitor uma concepção básica da escolha feita, seguida da assunção da metodologia e da justificativa dessa escolha.

Ressalto, também, que essa é uma oportunidade, na escrita acadêmica, em que a voz do autor aparece com realce, desde que as suas escolhas e o percurso realizado sejam apresentados em uma perspectiva analítica, deixando transparecer, com honestidade, os aspectos positivos e negativos dessas escolhas no percurso vivido.

3.3.5
O tratamento dos dados: a ética e a técnica

Outro aspecto a se considerar seriamente é com relação aos tratamentos ético e técnico a serem analisados na condução da pesquisa, relativos à proteção da vida, dos sujeitos e dos dados coletados.

Sob a perspectiva ética, o pesquisador deve se comprometer com a verdade, bem como com a proteção aos sujeitos envolvidos no estudo – disso depende a confiança na integridade da pesquisa. Quando falamos em ética, referimo-nos às atitudes de bom senso do pesquisador, as quais devem: trazer alguma contribuição à comunidade; resguardar os seres (humanos ou não) e instituição; prezar pelos direitos autorais; apresentar informações fidedignas; analisar os riscos e os benefícios da pesquisa.

A Resolução CNS nº 196, de 10 de outubro de 1996, regulamenta as pesquisas envolvendo seres humanos. Seguindo esse parâmetro, o pesquisador deve submeter seu projeto ao Comitê de Ética e Pesquisa (CEP) da sua instituição, apresentando a documentação legal prevista e seguir as orientações estabelecidas pelo Comitê.

De modo geral, a orientação é que o pesquisador resguarde os nomes dos sujeitos e das instituições participantes da pesquisa, de maneira a evitar implicações jurídicas e prejuízos para os envolvidos no estudo, optando por utilizar códigos e codinomes. O mais importante para a pesquisa é a descrição desses participantes e não a identificação nominal deles.

Do ponto de vista técnico, o pesquisador deve buscar recursos para compilar os dados coletados, de preferência, utilizando tabelas que possibilitem a visualização de todo o material. Após a organização dos dados, ele deve se esforçar para cruzar ou triangular os resultados da pesquisa com as concepções teórico-metodológicas utilizadas como referência.

Quadro 5 – Síntese de procedimentos metodológicos

Procedimento	Tipos de pesquisa
Raciocínio lógico	Indutivo, dedutivo, hipotético-dedutivo, dialético e fenomenológico.
Finalidades	Exploratória, descritiva, explicativa, metodológica, aplicada e intervencionista.
Meios de investigação	Bibliográfico, campo, laboratório, documental, experimental, ação, estudo de caso, levantamento, *ex-post facto,* participante e etnográfico.
Revisão bibliográfica	Convencional: estado da arte, teórica, empírica e histórica. Rigorosa: meta-análise, sistemática e integrativa.
Abordagem	Qualitativa, quantitativa e qualiquantitativa.

Instrumentos de pesquisa	Qualitativos: roteiro de observação participante, entrevista não dirigida, grupo de foco, história de vida, formulário, captação de som e imagem, entrevista narrativa, autoconfrontação, vinheta narrativa e diário de bordo. Quantitativos: roteiro de observação sistemática, entrevista dirigida. Qualiquantitativo: questionário semiestruturado.
Amostras	Probabilísticas: aleatória simples, estratificada e por conglomerados. Não probabilística: acessibilidade e tipicidade.

Fonte: Elaborado pela autora.

■ 3.4
CITAÇÃO:
UM RECURSO DE DIÁLOGO
COM OS TEÓRICOS

A citação consiste em um recurso técnico de construção de diálogo com outros estudiosos, no qual o pesquisador faz menção, no corpo do texto, a uma informação extraída de outra fonte (ABNT NBR 10520, 2002). As citações podem ser indicadas pelo sistema numérico (com inserção de numeração única e consecutiva para todo o documento) ou pelo sistema autor-data (com a inserção do sobrenome do autor ou instituição responsável, seguido da data de publicação do documento).

É o recurso utilizado para sustentar a honestidade intelectual, uma vez que o trecho ou a ideia a ser mencionada pelo usuário do texto-fonte terá seus direitos autorais assegurados. A citação tem sido objeto de muitos estudos no campo da Linguística, problematizando a articulação de vozes no interior do texto, a uso das vozes de outrem, os modos como o plágio tem sido visto sob perspectivas jurídicas, discursivas e, ainda, por meio de relatórios de *softwares* identificadores de plágio.

Para além das questões técnicas, as citações são, também, escolhas que incidem em posicionamentos teóricos, metodológicos, institucionais, políticos, que revelam muito mais do que o conteúdo ou o sujeito com o qual se dialoga.

A ABNT, de modo mais técnico, admite três tipos de citação: a direta, a indireta e a citação de citação.

3.4.1
Citações diretas ou textuais

Consistem na transcrição literal das palavras do texto consultado. Devem informar o sobrenome do autor, a data de publicação entre parênteses e o número da página. Essa citação remete à referência completa, que figura no final do trabalho. As citações diretas podem ser curtas ou longas.

3.4.1.1
CITAÇÃO DIRETA CURTA

É a transcrição literal de um trecho com até três linhas de extensão. Nesse caso, a citação deve aparecer entre aspas duplas, com indicação do(s) autor(es), da(s) página(s) e referência à obra consultada.

EXEMPLO

Sobre esse assunto, França e Vasconcellos (2007, p. 107) lembram que "A fonte de onde foi extraída a informação deve ser citada obrigatoriamente, respeitando-se dessa forma os direitos autorais".

Ou:

Sobre esse assunto, França e Vasconcellos lembram que "A fonte de onde foi extraída a informação deve ser citada obrigatoriamente, respeitando-se dessa forma os direitos autorais" (2007, p. 107).

Ou ainda:

Sobre esse assunto, França e Vasconcellos lembram que "A fonte de onde foi extraída a informação deve ser citada obrigatoriamente, respeitando-se dessa forma os direitos autorais" (FRANÇA; VASCONCELLOS, 2007, p. 107).

■ 3.4.1.2
CITAÇÃO DIRETA LONGA

É a transcrição literal de um trecho com extensão superior a três linhas. Nesse caso, a citação aparece com um recuo de 4 cm, espaçamento de entrelinha simples, fonte da letra tamanho 10, separada do texto principal com um espaço simples antes e depois.

> **EXEMPLO**
>
> Uma **transcrição literal** de todos os outros autores. É reproduzida entre aspas **ou** destacada tipograficamente, exatamente como consta do original, acompanhada de informações sobre a fonte (em respeito à Lei 5.988 de 14 de dez. 1973 que regulamenta os direitos autorais). (FRANÇA; VASCONCELLOS, 2007, p. 108 – grifos do autor).

Como se vê, são recursos simples de diálogo com outros autores, por meio dos quais o pesquisador assegura a honestidade intelectual e apresenta ao leitor essa habilidade cognitiva de discutir ideias do mundo acadêmico-científico.

■ 3.4.2
Citações indiretas ou livres

Ocorre quando o pesquisador se fundamenta na ideia do texto original e dela faz uma paráfrase, ou seja, registra a ideia com suas palavras. Nesse caso, não são usadas as aspas para indicar a citação, mas, obrigatoriamente, devem ser informados o nome do autor e a data, separados por vírgula.

> **Observação**
>
> Em citação indireta, não é obrigatório informar o número da página, mas por questão de padrão, caso o acadêmico opte pelo uso, deve fazê-lo em todas as citações.

■ 3.4.3
Citação de citação

Expressão usada quando se utiliza de citações diretas ou indiretas que foram usadas pelo autor da fonte consultada diretamente. Essas expressões são apresentadas no texto pelo sobrenome do autor, seguido de *apud* (citado por) e do sobrenome do autor consultado diretamente.

EXEMPLO

Marinho[1] (*apud* MARCONI; LAKATOS, 2002) apresenta a formulação do problema como uma fase de pesquisa que, sendo bem delimitada, simplifica e facilita a maneira de conduzir a investigação, tendo em vista que o objetivo da pesquisa é esclarecer os caminhos e as etapas por meio dos quais essa realidade se construiu.

---

[1] MARINHO, Pedro. *A pesquisa em ciências humanas*. Petrópolis: Vozes, 1980.

(Esta nota de rodapé explica que o leitor não leu o Marinho diretamente, mas por meio de Marconi e Lakatos. Essa referência não precisa constar da lista ao final do trabalho, apenas o texto efetivamente consultado.)

■ 3.4.4
A formalização das citações

As citações devem fluir normalmente tecidas à voz do autor do texto com naturalidade e técnica, de modo que o leitor possa compreender o objetivo da menção à voz do outro no texto: contextualizar, conceituar, demonstrar, refutar, ampliar, confirmar uma ideia, um dito.

Como se viu nos exemplos anteriores, o nome do autor do texto pode aparecer antes ou depois da citação, dentro dos parênteses (em caixa-alta) ou fora dele (sem caixa-alta). Em todos os casos, a ideia deve ganhar relevância argumentativa para a qual foi utilizada. Em função disso, seguem algumas orientações para ajudá-lo na construção desse diálogo.

■ 3.4.4.1
SINAIS UTILIZADOS NAS CITAÇÕES

Os sinais gráficos de maior recorrência no texto acadêmico-científico são:

a) **[sic]** – palavra latina que significa "assim", "deste modo", chama atenção, às vezes com ironia, para uma incorreção;
b) **'aspas simples'** – indica para sinalizar que parte do texto citado já estava entre aspas;
c) **[?]** – indica dúvida com relação à redação do texto original;
d) **[...]** – significa que houve omissão de uma parte de citação, suspensão;
e) **[!]** – espanto e destaque em citação, logo após o que se pretende enfatizar;
f) **[pois]** – para indicar acréscimo da palavra ou comentário no interior dos colchetes;
g) **[sem grifo no original]** – para destacar alguma coisa, quando o grifo não estava presente no texto original;
h) **(grifo nosso)** – para indicar que o pesquisador alterou o texto original com o grifo.

Além dos sinais, são usados outros recursos para a formalização das citações, os quais, muitas vezes, são fontes de dúvidas:

a) **Citações de depoimento ou entrevista**: as falas são apresentadas no texto seguindo-se as orientações para "Citação direta ou textual" e obedecendo-se à regra para transcrições com mais de três linhas.

b) **Citação com dois ou três autores**: pode-se entrar com os nomes no interior do parágrafo ou fora dele, dentro dos parênteses.

> EXEMPLO[4]
>
> De acordo com as orientações de Silva e Souza (2012), o sujeito se constitui na linguagem. – citação indireta
>
> Ou:
>
> O sujeito se constitui na linguagem (SILVA; SOUZA, 2012) (citação indireta).
>
> Silva e Souza defendem que "é na linguagem que o sujeito se constitui" (2012, p. 53). – citação direta
>
> Ou:
>
> "É na linguagem que o sujeito se constitui" (SILVA; SOUZA, 2012, p. 53). – citação direta

c) **Citação com mais de três autores**: indica-se apenas o primeiro nome seguido da expressão *et al.*

> EXEMPLO
>
> Pereira *et al.* conceituam linguagem como uma forma de interação (2011, p. 28).

d) **Citação de vários autores à mesma ideia**: mencione os autores obedecendo à ordem alfabética dos sobrenomes deles.

> EXEMPLO
>
> Essa mesma ideia acerca da linguagem é compartilhada por Pereira (2011), Silva (2012) e Souza (2010).

---

[4] A partir deste ponto, os exemplos desta seção são fictícios.

e) **Citação de autores com mesmo sobrenome**: acrescentam-se as iniciais do nome do autor.

> **EXEMPLO**
>
> Souza, M. L. (2009) e Souza, M. S. (2012).

f) **Citação de um mesmo autor com datas de publicações diferentes**: informam-se as datas em ordem cronológica.

> **EXEMPLO**
>
> Os estudos de Leite (1993, 1995 e 2005) são popularmente interpretados, baseando-se em símbolos.

g) **Citação de um mesmo autor com mesmas datas de publicação**: acrescenta-se uma letra minúscula após o ano.

> **EXEMPLO**
>
> Leite (2012a, 2012b).

h) **Citação cujo autor é uma entidade coletiva**: faz-se a entrada pelo nome da entidade.

> **EXEMPLO**
>
> Para a Associação Brasileira de Normas Técnicas (ABNT), "qualquer que seja o método adotado, deve ser seguido consistentemente ao longo de todo o trabalho, permitindo sua correlação na lista de referências ou em nota de rodapé" (2002, p. 3).

i) **Citação de obras sem indicação de autoria ou responsabilidade**: faz-se a entrada pela primeira palavra do título seguida de reticências, seguida da data de publicação.

> **EXEMPLO**
>
> "Várias donas de casa têm se dedicado a cursos de economia doméstica" (A ECONOMIA..., 2003, p. 32).

j) **Citação de canais informais (aula, conferência, palestras etc.)**: indicar, entre parênteses, a expressão "informação verbal", mencionando-se os dados disponíveis, em nota de rodapé.

> **EXEMPLO**
>
> Existe uma versão atualizada das normas para apresentação de citações no texto e notas de rodapé (informação verbal) que poderá auxiliar o autor na redação de documentos técnico-científicos. No rodapé da página, explica-se a fonte.

k) **Citação de obras antigas e reeditadas**: cita-se primeiro a data original, separada por barra da data da edição consultada.

> **EXEMPLO**
>
> Freud (1898/1976)

l) **Citação de trabalhos em vias de publicação**: informa-se, dentro dos parênteses, a expressão "em fase de elaboração". Com isso, faz-se justiça ao autor e se confere credibilidade ao texto.

m) **Citações de jurisprudência**: deverão ser feitas com a mesma formatação das citações diretas, com mais de três linhas. Ao final, deverão ser indicados, entre parênteses, três elementos: sigla do tribunal, ano da publicação do acórdão e página do *Diário da Justiça*. Os demais elementos constarão apenas na lista das referências no final do trabalho.

> **EXEMPLO**
>
> PROCESSUAL CIVIL. AÇÃO MONITÓRIA CONTRA A FAZENDA PÚBLICA. CABIMENTO.
>
> É cabível ação monitória contra a Fazenda Pública.
> Recurso Especial provido (STJ, 2003, p. 221).

Se houver vários precedentes do mesmo órgão judiciário, publicados no mesmo ano, deve-se acrescentar uma letra minúscula após o ano de publicação, a fim de diferenciar os textos.

> **EXEMPLO**
>
> (STJ, 2003a, p. 245)
>
> (STJ, 2003b, p. 132)...

n) **Citações de normas jurídicas**: poderão ser feitas na modalidade direta (preferencialmente) ou indireta. Quando se tratar da citação literal, deverão ser precedidas da expressão *in verbis*.

> **EXEMPLO**
>
> O art. 5° da Constituição da República dispõe, *in verbis*:
>
> Art. 5. Todos são iguais perante a lei, sem distinção de qualquer natureza, garantindo-se aos brasileiros e aos estrangeiros residentes no País a inviolabilidade do direito à vida, à liberdade, à igualdade, à segurança, e à propriedade, nos termos seguintes (BRASIL, 1988).

3.5
NOTAS DE RODAPÉ

São algumas informações complementares, cujo teor não deve ser inserido no interior do texto, sob o risco de perder a sequência lógica da leitura. As notas são digitadas no final da página, usando numeração única e sequencial, com fonte da letra tamanho 10 e entrelinha simples, sendo separadas do texto por um filete de 5 cm. O texto da nota de rodapé deve ser alinhado seguindo a primeira letra da primeira linha, deixando o número da nota em destaque.

Existem dois tipos de notas de rodapé: as explicativas e as de referência.

■ 3.5.1
Notas explicativas

São as que trazem esclarecimento, tradução ou informações complementares sobre algum termo trabalhado no texto principal.

> **EXEMPLO**
>
> Ao se analisar um evento interacional, devem-se considerar os sujeitos envolvidos no processo, suas representações sociais, suas faces, seus enquadres e seus *footings*[1] (GOFFMAN, 1998, 2009, 2011; JODELET, 2002; MOSCOVICI, 2003).
>
> ---
>
> [1] Goffman (1998) introduz o termo *footing* como uma forma de falar de uma mudança no alinhamento que assumimos para nós mesmos e para os outros presentes, expressa na forma em que conduzimos a produção ou a recepção de uma elocução.

Nesse exemplo, a nota de rodapé esclarece um termo pouco comum ao leitor.

■ 3.5.2
Notas de referência

São aquelas usadas para indicar fontes consultadas ou no caso de citação de citação. Nessa circunstância, o autor deve consultar, nas referências do texto lido, a informação de que precisa e inseri-la apenas na nota de rodapé.

> **EXEMPLO**
>
> Falantes e ouvintes resgatam pressuposições das quais devem se valer para manter o envolvimento conversacional e avaliar o que seus interlocutores intencionam (GUMPERS,[1] 1992, *apud* CASTANHEIRA, 2010).
>
> ---
>
> [1] GUMPERZ, J. Contextualization and understanding. *In:* DURANTI, A.; GOODWIN, C. (Eds.). **Rethinking context**: language as an interactive phenomenon. New York: Cambridge University Press, 1992. p. 229-253.

Recomendação

Use o bom senso na utilização das notas de rodapé, tanto no que se refere à quantidade, quanto ao tamanho das notas. Isso evitará que o texto fique com muitas quebras, o que dificulta a leitura.

■ 3.6
A FORMALIZAÇÃO DAS REFERÊNCIAS BIBLIOGRÁFICAS E DOCUMENTOS ELETRÔNICOS

Ao longo dos estudos, o pesquisador faz inúmeras leituras para a realização do trabalho. Essas leituras devem figurar em algum lugar, demonstrando para o futuro leitor quais foram as fontes e os fundamentos teóricos, legais e metodológicos que sustentaram o pensamento daquele autor.

A referência é constituída de elementos essenciais, indispensáveis à identificação do documento (autor(es), título, edição, local, editora e data de publicação) e, quando necessário, acrescida de elementos complementares, que permitem melhor caracterização do documento. Tais elementos devem ser constantes do próprio documento.

A referência pode aparecer: no rodapé; no fim de texto ou de capítulo; em lista de referências; antecedendo resumos e resenhas, podendo ser ordenados por sistema numérico ou por ordem alfabética.

DIMENSÃO METODOLÓGICA DO TEXTO CIENTÍFICO ■ 103

Orientações básicas para a formalização das referências:

a) digitação: espaço simples;
b) separação entre as referências: um espaço simples;
c) entrada: por sobrenome do autor ou título em letras maiúsculas;
d) alinhamento: somente à margem esquerda e de forma a se identificar individualmente cada documento;
e) elementos essenciais e complementares de referência: devem ser apresentados em sequências conforme padronizadas pela instituição;
f) recurso tipográfico (**negrito**, *itálico* ou grifo) utilizado para destacar o elemento título: deve ser uniforme em todas as referências de um mesmo documento.

Quando não constarem, no documento, as informações sobre autor, editor, data, local e editora, deve-se assim proceder:

a) autor: escreve-se o editor, no lugar do autor, seguido da abreviatura ed.
b) editor: escreve-se: s.ed. [sem editor];
c) data: escreve-se: s.d. [sem data];
d) local: escreve-se: s.l. [sem local];
e) editora: escreve-se: s.n. [*sine nomine*].

Se nenhuma data de publicação, distribuição, *copyright*, impressão puder ser determinada, registra-se data aproximada entre colchetes:

[1971 ou 1972]	um ano ou outro
[1969?]	data provável
[1973]	data certa, não indicada no item
[entre 1906 e 1912]	use intervalo menores de 20 anos
[ca. 1960]	data aproximada
[197-]	década certa
[197-?]	década provável
[18--]	século certo
[18--?]	século provável

Para facilitar o seu trabalho, segue uma lista de modelos das principais referências bibliográficas e eletrônicas utilizadas em trabalhos acadêmicos. Para casos mais específicos, sugiro a consulta da norma ABNT NBR 6023/2018.

■ 3.6.1
Modelos de referências

▶ **Livros considerados como um todo (formato convencional)**

> SOBRENOME DO AUTOR, Prenome. **Título do livro**: subtítulo, se houver. Edição. Local (cidade): Editora, data. número de páginas do livro (opcional).
>
> GALVÃO, Fernando. **Direito penal**: parte geral. 4. ed. Rio de Janeiro: Lumen Juris, 2011. 1077 p.

▶ **Livros considerados como um todo (formato eletrônico)**

> SOBRENOME DO AUTOR, Prenome. **Título do livro**: subtítulo. Edição. Local (cidade): Editora, ano. Descrição física do meio eletrônico (disquete, CD-ROM etc.) ou disponível em: endereço eletrônico. Acesso em: dia, mês e ano.
>
> FELITZEN, Cecília von; CARLSSON, Ula. **A criança e a mídia**: imagem, educação e participação. São Paulo: Cortez, 2002. Disponível em: http://www.dominiopublico.gov.br/download/texto/ue000131.pdf. Acesso em: 12 out. 2012.
> GEISLER, Luisa. **Luzes de emergência se acenderão automaticamente**. 1. ed. Rio de Janeiro: Objetiva, 2014. E-book.

▶ **Monografias, dissertações e teses (formato convencional)**

SOBRENOME DO AUTOR, Prenome. **Título do livro**: subtítulo. Ano de depósito. Tipo do documento (monografia, dissertação, tese) (o grau) – A vinculação acadêmica, local e a data da defesa.

SANTOS, C. M. D. **Identidades evidenciadas na fala-em-interação em aulas de alfabetização de jovens e adultos**. 2006. Dissertação (Mestrado em Linguística Aplicada) – Unisinos, São Leopoldo, 2006.

▶ **Monografias, dissertações e teses (formato eletrônico)**

SOBRENOME DO AUTOR, Prenome. **Título do livro**: subtítulo. Ano de apresentação. Tipo do documento (monografia, dissertação, tese) (o grau) – A vinculação acadêmica, local e a data da defesa. Disponível em: endereço eletrônico. Acesso em: dia, mês e ano.

SANTOS, C. M. D. **Identidades evidenciadas na fala-em-interação em aulas de alfabetização de jovens e adultos**. 2006. Dissertação (Mestrado em Linguística Aplicada) – Unisinos, São Leopoldo, 2006. Disponível em: http://bdtd.unisinos.br/tde_arquivos/7/TDE-2008-02-13T122903Z-429/Publico/identidades%20de%20genero.pdf. Acesso em: 2 set. 2012.

▶ **Capítulos de livros**

SOBRENOME DO AUTOR DO CAPÍTULO, Prenome. Título do capítulo. *In*: SOBRENOME DO AUTOR DO LIVRO, Prenome. **Título do livro**: subtítulo. Edição. Local: Editora, data. Capítulo, páginas inicial-final.

STREET, Brian. A escolarização do letramento. *In*: STREET, Brian. **Letramentos sociais**: abordagens críticas do letramento no desenvolvimento, na etnografia e na educação. Trad. Marcos Bagno. São Paulo: Parábola Editorial, 2014. Cap. 5, p. 121-144.

▶ **Artigo e/ou matéria de periódico (formato convencional)**

SOBRENOME DO AUTOR, Prenome. Título do artigo. **Título do periódico**, Local de publicação (cidade), número do volume, número do fascículo, páginas inicial-final, mês e ano ou período de publicação.

ASSIS, Juliana Alves; LOPES, Maria Angela P. Teixeira. Ethos, discursos e representações na atividade de avaliação de textos escritos: pistas de um processo de formação de professores. **Scripta**, Belo Horizonte, v. 13, n. 24, p. 71-94, 1° sem. 2009.

▶ **Artigo e/ou matéria de periódico (formato eletrônico)**

SOBRENOME DO AUTOR, Prenome. Título do artigo. **Título do periódico**, cidade, número do volume, número do fascículo, páginas inicial-final, data. Disponível em: endereço eletrônico. Acesso em: dia, mês e ano.

REZENDE, Yara. Informação para negócios, os novos agentes do conhecimento e a gestão do capital intelectual. **Ciência da Informação Online**, Brasília, v. 31, n° 2, 2002. Disponível em: www.ibict.br/cionline. Acesso em: 2 set. 2012.

▶ **Dicionário**

SOBRENOME DO AUTOR, Prenome. **Título do dicionário**. Edição. Local (cidade): Editora, data. volume (se houver). Descrição física do meio eletrônico (disquete, CD-ROM etc.) ou disponível em: endereço eletrônico. Acesso em: dia, mês e ano (se em formato eletrônico).

HOUAISS, Antônio. **Novo dicionário Houaiss da língua portuguesa**. 2. ed. Rio de Janeiro: Objetiva, 2009.

► **Verbete de dicionário**

VERBETE. *In*: SOBRENOME DO AUTOR, Prenome. **Título do dicionário**. Edição. Local (cidade): Editora, data. volume (se houver).

PARÂMETRO. *In*: HOUAISS, Antônio. **Novo dicionário Houaiss da língua portuguesa**. 2. ed. Rio de Janeiro: Objetiva, 2009. MORFOLOGIA dos artrópodes. *In*: **ENCICLOPÉDIA multimídia dos seres vivos**. [S.l.]: Planeta de Agostini, c1998. CD-ROM 9.

VERBETE. *In*: TÍTULO do dicionário.

ACADEMIA. *In*: DICIONÁRIO Priberam da língua portuguesa. Lisboa: Priberam Informática, 2008-2020. Disponível em: https:// dicionario.priberam.org/academia. Acesso em: 2 mar. 2020. POLÍTICA. *In*: DICIONÁRIO da língua portuguesa. Lisboa: Priberam Informática, 1998. Disponível em: http://www.priberam.pt/dlDLPO. Acesso em: 8 mar. 1999.

► **Matéria de jornal (formato convencional)**

SOBRENOME DO AUTOR. Prenome abreviado. Título da matéria: subtítulo (se houver). **Nome do jornal**, Local de publicação, página, data da publicação.

SARAIVA, A. Carga de energia cresce 3,5% em setembro. **Valor Econômico**, São Paulo, p. A3, 9 out. 2012.

► **Matéria de jornal (formato eletrônico)**

TÍTULO da matéria. **Nome do jornal**, Cidade, data. Disponível em: endereço eletrônico. Acesso em: dia, mês e ano.

ARRANJO tributário. **Diário do Nordeste Online**, Fortaleza, 27 nov. 1998. Disponível em: http://www.diariodonordeste.com.br. Acesso em: 28 nov. 1998.

► **Relatórios**

SOBRENOME DO AUTOR, Prenome. **Título do relatório**. Local (cidade): Instituição. Ano. Número de páginas. Relatório.

BRASILEIRO, Ana Clara Matias. **Patentes analisadas na área da Saúde**. Belo Horizonte: UFMG. 2012. 17p. Relatório.

► **Documento de Anais de Congressos (formato convencional)**

NOME DO EVENTO, número, ano, local de realização. **Título [...]**. Local de publicação (cidade): Instituição, data de publicação, volume, número. Número de páginas ou volumes.

CNLF, X, 2006, Rio de Janeiro. **Anais [...]**. Rio de Janeiro: Cifefil, 2006, v. X, nº 3, 204p.

► **Documento de Anais de Congressos (formato eletrônico)**

NOME DO EVENTO, número, ano, local de realização. **Título [...]**. Local de publicação (cidade): Instituição, data de publicação. Descrição física do meio eletrônico (CD-ROM, disquete etc.) ou disponível em: endereço eletrônico. Acesso em: dia, mês e ano.

CONGRESSO DE INICIAÇÃO CIENTÍFICA DA UFPE, 4, 1996, Recife. **Anais eletrônicos [...]**. Recife: UFPE, 1996. Disponível em: http:/www.propesq. ufpe.br/anais/anais.htm. Acesso em: 21 jan. 1997.

► **Legislação (formato convencional)**

Compreende a Constituição, as emendas constitucionais e os textos legais infraconstitucionais (lei complementar e ordinária, medida provisória, decreto em todas as suas formas, resoluções do Senado Federal) e normas emanadas das entidades públicas e privadas (ato normativo, portaria, resolução, ordem de serviço, instrução normativa, comunicado, aviso, circular, decisão administrativa, entre outros).

JURISDIÇÃO (Nome do país, estado ou município) ou NOME DA ENTIDADE (no caso de normas). [Título, numeração e data (dia, mês e ano)]. **Elementos complementares para melhor identificação do documento** (se necessário). Dados da publicação que transcreveu o documento.

BRASIL. [Constituição (1988)]. **Constituição da República Federativa do Brasil**. Organizada por Cláudio Brandão de Oliveira. Rio de Janeiro: Roma Victor, 2002. 320 p.

▶ **Legislação (formato eletrônico)**

JURISDIÇÃO (Nome do país, estado ou município) ou NOME DA ENTIDADE (no caso de normas). [Título ou epígrafe e ementa, numeração e data (dia, mês e ano)]. **Elementos complementares para melhor identificação do documento** (se necessário). Dados da publicação que transcreveu o documento. Descrição física do meio eletrônico (CD-ROM, disquete etc.) ou disponível em: endereço eletrônico. Acesso em: dia, mês e ano.

BRASIL. [Constituição (1988)]. **Constituição da República Federativa do Brasil de 1988.** Brasília, DF: Presidência da República, [2016]. Disponível em: http://www.planalto.gov.br/ccivil_03/constituicao/constituicaocompilado.htm. Acesso em: 20 mar. 2020.

BRASIL. **Lei nº 9.887 de 7 de dezembro de 1999**. Altera a legislação tributária federal. Diário Oficial da República Federativa do Brasil, Brasília DF, 8 dez. 1999. Disponível em: htpp://www.in.gov.br/mp_leis/leis_texto. asp?Id=LEI%209887. Acesso em: 22 dez. 1999.

▶ **Jurisprudência (formato convencional)**

Compreende súmulas, enunciados, acórdãos, sentenças e demais decisões judiciais.

> JURISDIÇÃO (Nome do país, estado ou município). Tribunal competente (turma e/ou região, se houver). Título (natureza da decisão) e número. Ementa (se houver). Partes envolvidas (se houver). Relator. Local, data (dia, mês e ano). Dados da publicação que transcreveu o documento.

> BRASIL. Superior Tribunal de Justiça. Instrução Normativa nº 2, de 10 de fevereiro de 2010. **Diário da Justiça Eletrônico do Superior Tribunal de Justiça**, Brasília, DF, 12 fev. 2010.

► **Jurisprudência (formato eletrônico)**

> JURISDIÇÃO (Nome do país, estado ou município) e órgão judiciário competente. Título (natureza da decisão ou ementa) e número. Partes envolvidas (se houver). Relator. Local, data (dia, mês e ano). Dados da publicação que transcreveu o documento. Descrição física do meio eletrônico (CD-ROM, disquete etc.) ou disponível em: endereço eletrônico. Acesso em: dia, mês e ano (para os documentos *on-line*).

> BRASIL. Superior Tribunal de Justiça. Instrução Normativa nº 2, de 10 de fevereiro de 2010. **Diário da Justiça Eletrônico do Superior Tribunal de Justiça**, Brasília, DF, 12 fev. 2010. Disponível em: https://ww2.stj.jus.br/infProc/init?#. Acesso em: 12 fev. 2010.
>
> BRASIL. Supremo Tribunal Federal. *Acórdão Eletrônico Repercussão Geral nº RE 655265*. Agravo interno no recurso extraordinário. Administrativo e previdenciário. Pedido de reconhecimento de efeitos funcionais e previdenciários retroativos em decorrência de posse tardia. Impossibilidade. Precedentes. Agravo interno desprovido. Relator para acórdão: Min. Edson Fachin. Relator: Min. Luiz Fux. Brasília, DF, 13 de abril de 2016. *Dje*. Disponível em: http://portal.stf.jus.br/processos/downloadPeca.asp?id=15340025181&ext=.pdf. Acesso em: 10 jan. 2020.

► **Doutrina**

Inclui toda e qualquer discussão técnica sobre questões legais, consubstanciada em forma convencional ou em meio eletrônico, monografias, artigos de periódicos, *papers*, artigos de jornal, congressos, reuniões etc., devendo, pois, seguir os modelos adequados a cada objeto referendado.

- Doutrina (formato convencional)

> SOBRENOME DO AUTOR, Prenome. **Título do texto**. Título do periódico (se for o caso), local, volume, número, páginas inicial e final, data.

> BARROS, Raimundo Gomes de. Ministério Público: sua legitimação frente ao Código do Consumidor. **Revista Trimestral de Jurisprudência dos Estados**, São Paulo, v. 19, nº 39, p. 53-72, ago. 1995.

- Doutrina (formato eletrônico)

> SOBRENOME DO AUTOR, Prenome. Título do texto. **Título do periódico** (se for o caso). Local, volume, número, páginas inicial e final, data. Descrição física do meio eletrônico (CD-ROM, disquete etc.) ou disponível em: endereço eletrônico. Acesso em: dia, mês e ano.

> BECKER, Evaldo. Apresentação dos princípios do direito da guerra e dos fragmentos sobre a guerra de Rousseau. **Trans/Form/Ação**, Marília (SP), v. 34, nº 1, jan. 2011. Disponível em: http://www.scielo.br/scielo.php?script=sci_arttext&pid=S0101-31732011000100009&lng=pt&nrm=iso. Acesso em: 12 out. 2012.

▶ **Documento cartográfico**

Inclui atlas, mapa, globo, fotografia aérea, entre outros.

Consultado em um livro:

ATLAS Mirador Internacional. Rio de Janeiro: Enciclopédia Britânica do Brasil, 1981.

Mapa em plano cartográfico:

BRASIL à parte da América do Sul: mapa político, escolar, rodoviário, turístico e regional. São Paulo: Michalany, 1981. 1 mapa, color., 79 cm × 95 cm. Escala 1:600.000.

INSTITUTO GEOGRÁFICO E CARTOGRÁFICO (São Paulo, SP). Regiões de governo do estado de São Paulo. São Paulo, 1994. Plano Cartográfico do Estado de São Paulo. Escala 1:2.000.

Fotografia aérea:

INSTITUTO GEOGRÁFICO E CARTOGRÁFICO (São Paulo, SP). Projeto Lins Tupã: foto aérea. São Paulo, 1986. Fx 28, n. 15. Escala 1:35.000.

Imagem de satélite:

LANDSAT TM 5. São José dos Campos: Instituto Nacional de Pesquisas Espaciais, 1987-1988. Imagem de satélite. Canais 3, 4 e composição colorida 3, 4 e S. Escala 1:100.000.

Imagem de satélite digital:

ESTADOS UNIDOS. National Oceanic and Atmospheric Administration. GOES-08: SE. 13 jul. 1999. 17:45Z IR04. Itajaí: Univali. Imagem de satélite: 1999071318.GIF: 557 Kb.

▶ Documento sonoro (formato eletrônico)

> TÍTULO do trabalho. [Responsável pela autoria (compositor, intérprete, locutor, entre outros)]: Nome. Local: Gravadora, data. Especificação do suporte eletrônico ou disponível em: endereço eletrônico. Acesso em: dia, mês e ano (para os documentos *on-line*).

> MAMILOS 204: comunicação não violenta: derrubando muros. [Apresentação de]: Juliana Wallauer e Cris Bartis. [Entrevistados]: Dominic Barter e Mafoane Odara. São Paulo: B9 Podcasts, 5 jul. 2019. *Podcast*. Disponível em: https://www.b9.com.br/shows/mamilos/mamilos-204-comunicacao-nao-violenta/. Acesso em: 10 jul. 2019.

▶ Imagem em movimento

Inclui filmes, vídeos, entre outros.

> TÍTULO do trabalho. Direção: Nome. Produção: Nome. Local, produtora ou distribuidora, data. Especificações do suporte em unidades físicas.

> CENTRAL do Brasil. Direção: Walter Salles Júnior. Produção: Martire de Clemont-Tonnerre e Arthur Coht. São Paulo, MACT Productions, 1998. 1 bobina cinematográfica (106 min.), son., color., 35 mm.

Principais trabalhos acadêmico-científicos

A seguir, apresento as especificações para a produção de 27 gêneros do discurso da esfera acadêmico-científica. Tais gêneros, de acordo com Bakhtin (2011), são enunciados orais ou escritos relativamente estáveis de uso da língua, construídos a partir de conteúdo temático, estilo e construção composicional. Além dessas orientações bakhtinianas, incidem sobre a produção do texto acadêmico algumas questões contextuais, como os objetivos dos interlocutores, da situação comunicativa, do estilo de quem produz o texto e da especificidade do campo e do objeto do conhecimento.

No exercício processual da produção de textos acadêmico-científicos, o autor vai desenvolvendo suas habilidades, que, para além da pertinência dos objetos do conhecimento de cada produção, precisam atender a parâmetros da construção composicional de cada gênero, da adequação de linguagem e estilo e de questões de posicionamento político dos pesquisadores, programas de pesquisa e instituições, os quais nem sempre são explícitos ao pesquisador iniciante. Trata-se, portanto, de um trabalho processual que vai ganhando robustez ao longo do processo de formação.

Apenas para situar o leitor, estou distinguindo, no interior da esfera acadêmico-científica, dois subgrupos. Concebo como *gêneros acadêmicos* aquelas produções de natureza mais rotineira no processo de ensino-aprendizagem, normalmente resultantes de leituras realizadas, tais como resumo, resenha, mapa conceitual etc. Já os *gêneros científicos*, estou concebendo como aqueles amparados por uma metodologia científica, vivenciada pelo pesquisador e descrita no decorrer do texto. Tais produções, a meu ver, são mais densas do que as primeiras e divulgam um saber científico, como uma monografia, uma dissertação, uma tese, um artigo científico etc.

Neste capítulo, contudo, todos os gêneros são apresentados em ordem alfabética e não pelo domínio acadêmico ou científico que represente.

■ 4.1
ARTIGO CIENTÍFICO

O artigo científico é um texto destinado à publicação e é muito elaborado por alunos de graduação e, mais especialmente, de pós-graduação. A ABNT define artigo científico como "parte de uma publicação com autoria declarada, de natureza técnica e/ou científica" (ABNT NBR 6022, 2018, p. 2). Serve à apresentação e discussão, nas diversas áreas do conhecimento, de ideias, métodos, técnicas, processos e resultados.

Trata-se de uma produção mais profunda do que um ensaio e menos abrangente do que uma monografia, mas que exige uma boa capacidade de síntese dos pesquisadores. Normalmente, é publicado em revistas ou periódicos especializados, com normas editoriais próprias, às quais deve o autor se submeter. Possibilita ao leitor uma rápida tomada sobre o assunto, abordando o resultado de uma pesquisa teórica ou de campo. Para sua elaboração, contudo, é necessário passar por todas as fases de construção do conhecimento científico. Assim, elaborar um projeto de pesquisa é a primeira tarefa do pesquisador. Em seguida, passa pela fase da pesquisa propriamente dita para, então, elaborar o relato em forma de artigo científico.

■ 4.1.1
Tipos de artigos

Há dois tipos de artigo científico:

- **Artigo original** – o autor (pesquisador) pretende responder a uma pergunta (problema). Para isso, ele parte da pesquisa bibliográfica para a de campo, a fim de elaborar uma publicação que apresente temas ou abordagens originais.
- **Artigo de revisão** – é uma produção que resume, analisa e discute informações já publicadas. O autor delimita um assunto amplo e procura dialogar com alguns autores tidos como referências teóricas. Nesse diálogo, a voz do pesquisador aparece apresentando, confirmando, refutando, sintetizando o que os outros disseram.

■ 4.1.2
Estrutura do artigo

Os elementos estruturais do artigo são:

▶ Parte pré-textual

a) No alto da página, escrevem-se o título do artigo e o subtítulo (se houver), diferenciando-os tipograficamente ou separando-os por dois-pontos (:); opcionalmente, é possível incluir, logo abaixo do título e do subtítulo no idioma do texto, o título e o subtítulo em outro idioma.

b) Alinhado à direita, registra(m)-se o(s) nome(s) do(s) autor(es), em ordem direta (prenome e sobrenome), com respectivas credenciais em nota de rodapé, indicando formação, instituição à qual está vinculado e endereço eletrônico, usando fonte 10, entrelinha 1 e alinhamento do texto à 1ª linha da nota.

c) Após espaço duplo, escreve-se "RESUMO", mais um espaço duplo e o registro do resumo homotópico na língua do texto (máximo de 250 palavras).

d) Abaixo do resumo, registram-se as palavras-chave na língua do texto (máximo de cinco palavras ou expressões iniciadas por letra maiúscula, separadas e finalizadas por ponto-final).

e) Caso haja resumo e palavras-chave em outra língua, devem ser escritos logo após aqueles no idioma do documento.

f) A seguir, o autor deve indicar as datas (dia, mês e ano) em que o artigo foi submetido e aprovado para publicação.

g) Caso o artigo esteja disponível em meio eletrônico, pode ser indicado o endereço eletrônico, DOI (Digital Object Identifier – um código digital usado como identificador de publicações científicas), suportes, além de outras informações relacionadas à disponibilidade do documento.

▶ **Parte textual:**

O conteúdo dos elementos textuais deve ser registrado em fonte 12, entrelinha 1,5 e margens justificadas:

a) **Introdução**: o autor informa o tema da pesquisa e o contextualiza, apresenta a delimitação, os objetivos geral e específicos do estudo, bem como sua justificativa. Faz menção ao método utilizado e finaliza com uma orientação ao leitor sobre o modo como o texto foi estruturado.

b) **Desenvolvimento**: é a parte principal do artigo, normalmente, dividido em duas ou três seções e em subseções, que expõem, ordenada e detalhadamente, o assunto tratado. O artigo original é seccionado em referencial teórico, metodologia, apresentação e análise de dados; e o artigo de revisão tem seu desenvolvimento dedicado ao referencial teórico e à discussão desse referencial, tendo em vista o objetivo pretendido no estudo.

c) **Considerações finais**: é o espaço em que o autor apresenta a resposta encontrada para a delimitação proposta, avalia cada um dos objetivos, faz uma análise crítica do percurso e do resultado a que se chegou e apresenta as recomendações para o encaminhamento da questão, se houver.

▶ **Parte pós-textual**

a) **Referências**: logo após as considerações finais, apresentam-se as referências, em ordem alfabética, conforme a ABNT NBR 6023/2018.

b) **Glossário**: lista de termos técnicos ou científicos com respectivos significados.[5]

c) **Apêndices**: textos de autoria própria que o autor julgue de relevância para o conhecimento do leitor.

d) **Anexos**: textos de autoria de terceiros que o autor julgue de relevância para o conhecimento do leitor.

---

[5] Utilize-se do glossário apenas se você não conseguir inserir o significado da palavra no corpo do texto e caso sejam mais de cinco termos.

e) **Agradecimentos**: último elemento pós-textual, se houver, deve ser um texto sucinto, aprovado pelo periódico em que será publicado, usado apenas para dar créditos a quem contribuiu de forma relevante para o estudo.

▶ Formatação

Quadro 6 – Partes e especificações do artigo científico

Parte do texto	Especificações
Título do trabalho	Centralizado, negrito, caixa-alta, fonte 12 Times New Roman.
Subtítulo do trabalho (se houver)	Separado do título por dois-pontos (:) ao final do título. Centralizado, negrito, caixa baixa, fonte 12 Times New Roman.
Título e subtítulo do trabalho em outro idioma (opcional)	Mesmas formatações do título e do subtítulo no idioma do texto, acrescentando-se o itálico.
Nome(s) do(s) autor(es)	Iniciais maiúsculas, alinhado à direita, fonte 10. Saltar um espaço simples.
Resumo na língua vernácula e na estrangeira	Título: caixa-alta, centralizado, negrito, fonte 12. Saltar um espaço simples. Texto: margens justificadas, fonte 12, entrelinha simples. Saltar um espaço simples. Palavras-chave: iniciais maiúsculas, fonte 12, separadas e finalizadas por ponto.
Títulos	Fonte 12, negrito, caixa-alta. Saltar um espaço simples entre os títulos e o texto.
Citações	Direta curta: entre aspas, mesma fonte do texto, informar fonte completa (AUTOR, ano, p.). Direta longa: separada do texto por um espaço simples (antes e depois), recuo de 4 cm, fonte 10, entrelinha 1. Informar fonte completa (AUTOR, ano, p.). Indireta: no corpo do texto, normalmente. Informar fonte antes ou depois da citação (AUTOR, ano).

Ilustrações	Identificar, na parte superior, com o tipo de ilustração, o número e o nome. Na parte inferior, informar a fonte, ainda que seja de produção do próprio autor: Fonte: AUTOR (ano, p.).
O corpo do texto	Fonte 12, entrelinha 1,5, margens justificadas. Saltar um espaço simples entre os parágrafos ou dar um recuo de 2 cm.
Referências	Título: caixa-alta, centralizado, negrito, fonte 12. Saltar um espaço simples. Referências: entrelinha 1, fonte 12, conforme a ABNT NBR 6023/2018. Caixa-alta, centralizado, negrito, fonte 12. Saltar um espaço simples entre cada referência.
Nota de rodapé	Fonte 10, entrelinha 1, da 2ª linha em diante alinhar à 1ª linha.

Fonte: ABNT NBR 6022 (2018).

Figura 8 – Aspecto visual do artigo

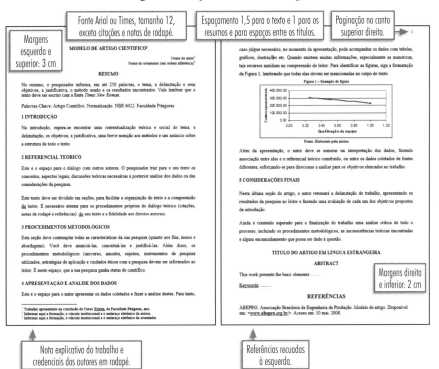

Fonte: Elaborada pela autora.

PRINCIPAIS TRABALHOS ACADÊMICO-CIENTÍFICOS ▪ 121

■ 4.1.3
Organização textual do artigo

Embora a ABNT não padronize o tamanho de um artigo científico, é comum que seus elementos pré-textuais, textuais e pós-textuais apresentem entre 10 e 20 páginas, divididas em tópicos apresentados sequencialmente, sem mudar de página. Quanto à organização lógica do texto, dependerá do tipo de artigo que será desenvolvido. Resguardadas as escolhas do autor na estruturação do seu texto, seguem algumas orientações acerca de como montar o artigo, tendo em vista as orientações da ABNT.

■ 4.1.3.1
ORGANIZAÇÃO TEXTUAL DE UM ARTIGO ORIGINAL

Essa modalidade de artigo, cuja finalidade é responder a uma questão que demanda dados originais, coletados por meio de entrevistas, documentos etc., pode ser assim organizada:

▶ **Proposta estrutural para um artigo original**

a) **Introdução**: nesta parte do texto, o autor apresenta o tema de modo contextualizado, a delimitação em forma de pergunta, os objetivos, a justificativa, uma menção ao método e a apresentação estrutural do artigo.

b) **Referencial teórico**: momento em que o autor apresenta as pesquisas anteriores sobre o tema, disponíveis em monografias, artigos, dissertações, teses, livros etc. É a busca da cientificidade da pesquisa, embasando-a em fatos e dados verídicos e/ou já comprovados cientificamente, por meio do diálogo teórico. É o principal momento das citações.

c) **Metodologia da pesquisa**: nessa seção, o pesquisador prova à comunidade científica que sua pesquisa zela pelas características básicas da ciência, descrevendo, detalhadamente, os passos que foram seguidos e o tratamento destinado aos dados. Especificamente, deve falar sobre os fins e os meios da pesquisa, a abordagem e as ferramentas de coletas, o universo e a amostra do objeto de pesquisa, os sujeitos, o tratamento dado às informações etc.

d) **Apresentação e análise de dados**: nessa parte do artigo, o autor apresenta e analisa as informações colhidas no campo, atentando-se para perceber o significado dos dados qualitativos e quantitativos. É o momento das relações e das buscas de significados. Na apresentação visual dos dados, podem-se usar gráficos, tabelas etc., como recurso de leitura.

e) **Considerações finais**: é a última parte textual do artigo em que se apresentam as principais descobertas e conclusões, sugestões, recomendações para encaminhamento do problema estudado. Devem-se ter em mente o problema levantado, a hipótese que foi testada com a pesquisa e os objetivos previstos. Deverá, sobretudo, sintetizar e avaliar a importância dos dados obtidos ou dos estudos feitos, as consequências desses dados ou estudos para a área da ciência ou para as pesquisas acadêmicas, fazendo uma apreciação crítica e até pessoal.

■ 4.1.3.2
ORGANIZAÇÃO TEXTUAL
DE UM ARTIGO DE REVISÃO

Antes de apresentarmos uma proposta de organização estrutural de um artigo de revisão, é necessário lembrar que há várias formas de se realizar essa pesquisa. Há as revisões de narrativas convencionais e as de métodos mais rigorosos, conforme explicitado na seção 3.2.3.1 deste livro, "Pesquisas de revisão bibliográfica – tipologias". Devido a isso, pode-se trabalhar com mais de um esquema de estrutura textual.

Conheçamos, inicialmente, algumas dessas mencionadas revisões:

▶ Proposta estrutural para um artigo de revisão convencional

Como se trata de várias modalidades de revisão (determinação do "estado da arte", teórica, empírica e histórica), dificultando uma estrutura fixa, o pesquisador deve organizar o texto de acordo com os propósitos da pesquisa, mas uma sugestão pode ser:

a) **Introdução**: nessa parte do texto, o autor apresenta o tema de modo contextualizado, a delimitação, os objetivos, a justificativa, as especificações metodológicas e as orientações ao leitor acerca da organização estrutural do texto.

b) **Desenvolvimento**: essa parte do texto é dividida em seções definidas pelo autor com títulos e subtítulos, de acordo com as abordagens do assunto.

c) **Discussão, síntese ou comparação das pesquisas realizadas**: nessa parte do artigo, o autor apresenta e analisa as informações colhidas nas pesquisas bibliográficas.

d) **Considerações finais**: nessa última parte, apresentam-se as principais conclusões e recomendações para encaminhamento do problema estudado. Devem-se ter em mente a delimitação e os objetivos previstos inicialmente, para que eles possam ser avaliados. Deverá sintetizar e avaliar a importância dos dados obtidos ou dos estudos feitos e a consequência deles para a ciência ou para as pesquisas acadêmicas, fazendo uma apreciação crítica e até pessoal.

No desenvolvimento de uma revisão convencional, o autor organiza os tópicos, respeitando o tipo de revisão que escolher. Uma revisão convencional histórica, por exemplo, pode ser organizada de maneira cronológica. Uma revisão teórica pode ser organizada considerando cada uma das teorias em voga.

Passemos, agora, às revisões mais rigorosas.

▶ Proposta estrutural para um artigo de revisão rigorosa

As revisões bibliográficas consideradas rigorosas são: a meta-análise, a sistemática e a integrativa. Para tais pesquisas, segue uma sugestão de organização textual.

a) **Introdução**: nessa parte do texto, o autor apresenta o tema de modo contextualizado, a delimitação em forma de pergunta, os objetivos, a justificativa e a maneira como o artigo foi textualmente organizado.

b) **Metodologia da pesquisa**: apresenta todos os procedimentos metodológicos da pesquisa, especialmente os critérios de localização, seleção e análise do material de pesquisa, informando sobre os instrumentos de exploração utilizados.

c) **Revisão quantitativa, qualitativa ou sistemática**: dependendo da revisão que estiver sendo feita, este tópico é dividido em seções definidas pelo autor com títulos e subtítulos, de acordo com as categorias analisadas. Na apresentação visual dos dados, podem-se usar gráficos, tabelas etc. como recurso de leitura.

d) **Discussão dos resultados**: nessa parte do artigo, o autor apresenta e analisa as informações colhidas com os dados secundários, atentando-se para perceber o significado dos dados qualitativos e quantitativos. É o momento das relações e das buscas de significados.

e) **Considerações finais**: é a última parte textual do artigo, em que se apresentam as principais deduções e recomendações para encaminhamento do tema estudado. Deverá, sobretudo, sintetizar e avaliar a importância dos dados obtidos ou dos estudos feitos, as consequências desses dados ou estudos para a área da ciência ou para as pesquisas acadêmicas, fazendo uma apreciação crítica e até pessoal.

■ 4.1.4
Formatação do artigo

Embora a NBR não estabeleça limites para o tamanho do texto, os periódicos e as instituições de pesquisa o fazem. Assim considerando, os artigos têm variado entre 8 e 25 páginas. Alguns limitam o tamanho em palavras ou *Kb (quilobit)*. Normalmente, os periódicos definem 15 laudas (ou páginas) como o limite máximo de produção. Procure tratar imagens e tabelas para que estas não deixem seu arquivo muito grande.

- As margens (superior, esquerda, inferior e direita) devem ter 3, 3, 2 e 2 cm, respectivamente. O tamanho de página deve ser A4, impreterivelmente.
- Títulos das seções: os títulos das seções do trabalho devem ser posicionados à esquerda, em negrito, numerados com algarismos arábicos (1, 2, 3 etc.). Deve-se utilizar texto com fonte Times New Roman, tamanho 12, em negrito. Não coloque ponto-final nos títulos. Subtítulos das seções: os subtítulos das seções do trabalho devem ser posicionados à esquerda, em negrito, numerados com algarismos arábicos em subtítulos (1.1, 1.2, 1.3 etc.). Deve-se utilizar texto com fonte Times New Roman, tamanho 12, em negrito.
- Corpo do texto: o corpo do texto deve iniciar imediatamente abaixo do título ou subtítulo das seções. A fonte deve ser Times New Roman, tamanho 12, justificada na direita e na esquerda, com entrelinha simples. O corpo do texto também utiliza um espaçamento de 6 pontos depois de cada parágrafo.
- No caso do uso de listas, deve-se usar um marcador.
- As listas devem ser justificadas na direita e na esquerda, da mesma forma que os trechos de corpo de texto.
- Após as listas, deixar um espaço simples, antes do texto que virá. O estilo "Lista" pode ser usado para que a formatação predefinida seja corretamente empregada.

É possível, também, o uso de alíneas, que obedeçam às seguintes indicações:

- Cada item de alínea deve ser ordenado alfabeticamente por letras minúsculas seguidas de parênteses.
- Da mesma forma, os itens de alínea são separados do parágrafo de texto anterior por meia linha em branco (6 pontos) e do parágrafo de corpo de texto seguinte por uma linha (12 pontos).
- O estilo "Alínea" pode ser usado para a aplicação automática da formatação correta de alíneas.

No caso de nova alínea, a lista alfabética deve ser reiniciada, clicando-se com o botão direito do *mouse* sobre qualquer dos itens de alínea e selecionando-se a opção "Reiniciar numeração":

a)   uma nova alínea, assim, recomeça a partir da letra *a;*
b)   os itens de alínea são separados entre si por ponto e vírgula e iniciados por letras minúsculas;
c)   o último item de alínea termina com ponto.

Após concluído o artigo, é hora de submetê-lo à avaliação e posterior publicação, o destino final desse gênero textual.

■ 4.2
COMUNICAÇÃO CIENTÍFICA

A comunicação científica é parte constitutiva da atividade científica. É o momento em que o pesquisador apresenta e submete o seu trabalho à comunidade epistemológica, a fim de receber o aval de sua pesquisa. Embora também seja entendida como a sessão de apresentação em si, ela é, aqui, tomada como gênero textual, já que o texto oral ou escrito é o que sustenta a comunicação. A comunicação científica é, portanto, o texto apresentado em eventos como congressos, simpósios, jornadas, reuniões científicas, painéis, bancas, com o intuito de trocar informações sobre pesquisas realizadas, bem como submeter a pesquisa à avaliação.

Os objetivos de quem faz uma comunicação são: (a) alcançar aprovação em um trabalho de conclusão de curso; (b) publicar o texto; (c) contribuir para algo, como forma de satisfação pessoal; (d) aprender a construir o conhecimento científico. Uma comunicação científica se encaminha para uma publicação do texto apresentado nos anais do evento.

Assim, por esse meio, os pesquisadores divulgam seus trabalhos e se mantêm informados sobre estudos e tendências do seu campo de pesquisa, vivenciando o fato de que os conhecimentos científicos podem se opor ou se complementar, e de que, em ciência, as verdades são transitórias, daí a necessidade de questioná-las sempre.

■ 4.2.1
Formas de comunicação científica

A comunicação científica pode ocorrer de modo formal ou informal:

Quadro 7 – Modalidades de comunicação científica

Formal	Informal
É direcionada a um público potencialmente grande.	Apresenta um público mais restrito.
Há pouca interação entre esse público e o pesquisador.	Há maior capacidade de *feedback* ao pesquisador.
Caracteriza-se pela linguagem escrita.	É divulgada por canais de comunicação oral: conversas entre colegas pesquisadores (telefone, pessoalmente ou via *e-mail*) e entre pequenas reuniões em encontros, visitas a laboratórios...
É publicada em periódicos, livros e anais de reuniões científicas.	
Pode ocorrer no percurso ou no final da realização da pesquisa.	Ocorre mais na fase inicial ou conceitual do trabalho de pesquisa.

Fonte: Elaborado pela autora.

Mesmo reconhecendo os valores das comunicações informais, especialmente no decorrer da construção da pesquisa, as comunicações científicas formais são as que recebem o aval epistemológico como conhecimento científico, devido a seu valor documental.

Dessas comunicações, ainda é necessário distinguir:

a) As comunicações que objetivam a avaliação de um trabalho de conclusão de curso (TCCs), como monografias, dissertações e teses, cujo público-alvo são bancas avaliadoras específicas.

b) As comunicações apresentadas com o intuito de divulgação da pesquisa em congressos, seminários, simpósios, que contam com um público maior. Essa modalidade também recebe o nome de comunicação oral.

4.2.2
Gêneros textuais apresentados como comunicação oral

Ao se inscrever para um evento de divulgação científica, o pesquisador deve verificar a estrutura proposta para o evento, as regras definidas para a apresentação e os recursos disponíveis aos apresentadores. Ciente disso, ele deve escolher o gênero textual mais adequado para apresentar a sua pesquisa: uma conferência, uma comunicação individual, um seminário temático (ou mesa-redonda) ou exposições de pôsteres.

Nesses eventos, normalmente o pesquisador leva o texto escrito, podendo apresentá-lo oralmente, optando, algumas vezes, pela leitura fiel da comunicação; em outras, pela apresentação apoiada em suportes, como multimídia, *flip-chart,* pôster, painel ou textos impressos distribuídos aos espectadores. Recomenda-se bom senso ao autor, caso opte pela leitura, pura e simples, pois esse recurso pode ser pouco atrativo para quem ouve.

Os gêneros textuais comumente utilizados pelos autores em suas comunicações são: artigo, pôster, *paper* e relatório. Todos esses gêneros são tratados detalhadamente neste livro. De modo geral, apresentam elementos textuais semelhantes, com variações na apresentação visual e nos elementos pré e pós-textuais.

Em uma exposição oral, o orador deve ser objetivo quanto aos tópicos principais de uma pesquisa, no intuito de prender a atenção dos espectadores. Deve se ater, sobretudo, a: identificação e contextualização do tema, problema da pesquisa, objetivos, justificativa, método utilizado, dados coletados (se houver), breve análise desses dados e indicar a conclusão a que chegou.

4.3
CRÍTICA TEXTUAL

Derivado do grego "*Krinein*", que significa julgar, o termo *crítica* está vinculado aos estudos de Lógica. Atualmente, a crítica abarca desde um ramo científico de estudos da linguagem até atividades múltiplas e diferenciadas, como artigo de jornal, resenha, nota bibliográfica, monografias, ensaios, conferências e teses universitárias.

Desde os tempos mais remotos dos estudos linguísticos, a crítica textual é a atividade básica dos trabalhos filológicos, motivo pelo qual, muitas vezes, confunde-se a Filologia com a Crítica Textual, sendo que as aplicações e as acepções do termo são variadas:

a) É a ciência que procura restabelecer o texto original de um trabalho escrito cuja fonte primeira não mais exista. Seu objeto se estende a qualquer peça literária que tenha sofrido eventuais alterações nos processos de cópia, procurando restituir a forma mais próxima possível da redação idealizada por seu autor.

b) É uma atividade filológica de grande utilidade para os estudos linguísticos, literários, históricos e de editoria. Seu objetivo é esclarecer ou interpretar minuciosamente um termo ou um texto.

c) É uma disciplina dedicada ao estudo sistemático da Literatura, também denominada crítica literária.

d) É um gênero textual jornalístico voltado para a apreciação de lançamentos literários.

e) É um gênero textual acadêmico orientado para a análise de alguma obra literária, em particular, focalizando a aplicação do método, do estilo, dos recursos linguístico-literários, da história, dos princípios e concertos gerais.

Sem a pretensão de destituir os inúmeros sentidos do termo, interessa, mais especificamente, aos objetivos propostos para este livro, a crítica textual como um gênero acadêmico-científico, que pode explorar o texto tanto na abordagem diacrônica ou histórica (observando suas alterações no decorrer do tempo) quanto na sincrônica ou literária (detendo-se na análise da materialidade linguística disponível).

■ 4.3.1
Tipos de crítica

- **Crítica histórica** – forma dominante de crítica até o fim do século XX, objetiva focalizar o texto do ponto de vista historiográfico, analisando suas versões com o passar do tempo, principalmente, em situações de cópia. Tal análise envolve a mobilização de instrumentos de crítica que ajudem a ler o documento de forma objetiva, tomando-o como fonte de estudo histórico. A crítica histórica procura questionar, dentre outras coisas: quando o texto foi escrito? Quem poderia ter sido o autor? Que história pode-se reconstruir a partir dos questionamentos do texto?

- **Crítica redacional ou literária** – com foco mais sincrônico, esse tipo de crítica volta-se ao significado do texto, suas origens e métodos de desenvolvimento, com base na crítica literária tradicional. Além disso, verifica problemas ou incoerências internas ao texto: estrutura, repetições, discordâncias etc. Nesse tipo de trabalho, o crítico pergunta: o texto foi escrito para que público? Quais eram os objetivos do autor? Que recursos linguísticos, literários, estilísticos e discursivos ele usou para alcançar seus objetivos? Em que contexto a produção do texto ocorreu? O texto se vincula a alguma tendência estética ou literária? O autor alcançou o objetivo a que se propôs?

> **Observação**
>
> O fato de a crítica ter essas duas tipologias não impede que o crítico, em seus estudos, transite pelas duas abordagens. Aliás, atualmente, essa é uma tendência nas críticas textuais: analisar o texto com olhar multifocado para aspectos sincrônicos e diacrônicos.

■ 4.3.2
Perspectivas da crítica literária ou redacional

Sem abandonar o discurso avaliativo, apontando seus aspectos técnicos, imperfeições e destaques na elaboração da análise, o crítico pode dar ênfase a uma ou mais perspectivas:

a) **Crítica impressionista** – ao analisar a obra, o crítico segue um padrão de julgamento generalizado, atribuindo universalidade ao gosto estético, sem levar em conta a relatividade e o grau de subjetividade subjacentes a qualquer padrão estético. Trata-se de um discurso mais autoritário, que tenta impor um posicionamento sobre a obra criticada.

b) **Crítica sociológica** – nesse tipo de análise, o crítico se preocupa com a revelação dos fatores sociais e contextuais que orientam o autor e se refletem no conteúdo da obra. Enfatiza, portanto, informações de caráter social.

c) **Crítica interna** – detém-se de modo mais especial nos elementos linguísticos e de estrutura da obra. Nessa perspectiva, o crítico focaliza os dados objetivos e materiais da produção.

Atualmente, tem sido mais aceita a crítica que analisa os aspectos relacionados à estética, aos fatores sociais e contextuais, bem como aos elementos internos da obra, abrangendo os três tipos de crítica.

■ 4.3.3
Estrutura da crítica textual

Não existe uma norma específica da ABNT para estrutura e formatação da crítica. A prática tem apresentado textos com aparência próxima à do artigo científico, seguindo as mesmas orientações das ABNTs NBRs: 10520/2002, para citações; 6023/2018, para referências; 2012/2016, para numeração progressiva, se for o caso; e 6028/2003, para resumos.

Como foi visto no início deste tópico, a crítica textual pode ser objeto de estudos científicos até em nível de tese, entretanto, como trabalho acadêmico, os textos são compostos, em média, por oito laudas.

▶ Parte pré-textual

a) **Título da crítica;**
b) **nome do autor;**
c) **vínculo institucional;**
d) **resumo e palavras-chave em língua vernácula;**
e) **resumo e palavras-chave em língua estrangeira.**

Figura 9 – Aspecto visual da crítica

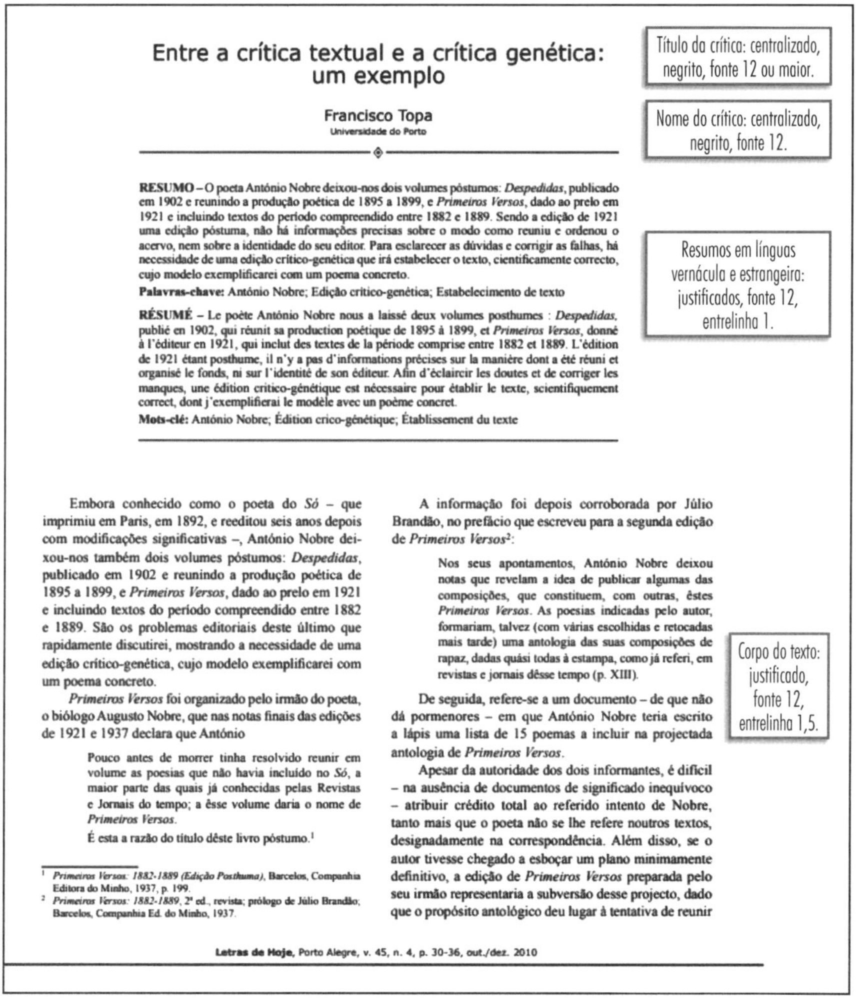

Entre a crítica textual e a crítica genética: um exemplo

Francisco Topa
Universidade do Porto

RESUMO – O poeta António Nobre deixou-nos dois volumes póstumos: *Despedidas*, publicado em 1902 e reunindo a produção poética de 1895 a 1899, e *Primeiros Versos*, dado ao prelo em 1921 e incluindo textos do período compreendido entre 1882 e 1889. Sendo a edição de 1921 uma edição póstuma, não há informações precisas sobre o modo como reuniu e ordenou o acervo, nem sobre a identidade do seu editor. Para esclarecer as dúvidas e corrigir as falhas, há necessidade de uma edição crítico-genética que irá estabelecer o texto, cientificamente correcto, cujo modelo exemplificarei com um poema concreto.
Palavras-chave: António Nobre; Edição crítico-genética; Estabelecimento de texto

RÉSUMÉ – Le poète António Nobre nous a laissé deux volumes posthumes : *Despedidas*, publié en 1902, qui réunit sa production poétique de 1895 à 1899, et *Primeiros Versos*, donné à l'éditeur en 1921, qui inclut des textes de la période comprise entre 1882 et 1889. L'édition de 1921 étant posthume, il n'y a pas d'informations précises sur la manière dont a été réuni et organisé le fonds, ni sur l'identité de son éditeur. Afin d'éclaircir les doutes et de corriger les manques, une édition critico-génétique est nécessaire pour établir le texte, scientifiquement correct, dont j'exemplifierai le modèle avec un poème concret.
Mots-clé: António Nobre; Édition crico-génétique; Établissement du texte

Embora conhecido como o poeta do *Só* – que imprimiu em Paris, em 1892, e reeditou seis anos depois com modificações significativas –, António Nobre deixou-nos também dois volumes póstumos: *Despedidas*, publicado em 1902 e reunindo a produção poética de 1895 a 1899, e *Primeiros Versos*, dado ao prelo em 1921 e incluindo textos do período compreendido entre 1882 e 1889. São os problemas editoriais deste último que rapidamente discutirei, mostrando a necessidade de uma edição crítico-genética, cujo modelo exemplificarei com um poema concreto.

Primeiros Versos foi organizado pelo irmão do poeta, o biólogo Augusto Nobre, que nas notas finais das edições de 1921 e 1937 declara que António

> Pouco antes de morrer tinha resolvido reunir em volume as poesias que não havia incluído no *Só*, a maior parte das quais já conhecidas pelas Revistas e Jornais do tempo; a êsse volume daria o nome de *Primeiros Versos*.
>
> É esta a razão do título dêste livro póstumo.[1]

A informação foi depois corroborada por Júlio Brandão, no prefácio que escreveu para a segunda edição de *Primeiros Versos*[2]:

> Nos seus apontamentos, António Nobre deixou notas que revelam a idea de publicar algumas das composições, que constituem, com outras, êstes *Primeiros Versos*. As poesias indicadas pelo autor, formariam, talvez (com várias escolhidas e retocadas mais tarde) uma antologia das suas composições de rapaz, dadas quási todas à estampa, como já referi, em revistas e jornais dêsse tempo (p. XIII).

De seguida, refere-se a um documento – de que não dá pormenores – em que António Nobre teria escrito a lápis uma lista de 15 poemas a incluir na projectada antologia de *Primeiros Versos*.

Apesar da autoridade dos dois informantes, é difícil – na ausência de documentos de significado inequívoco – atribuir crédito total ao referido intento de Nobre, tanto mais que o poeta não se lhe refere noutros textos, designadamente na correspondência. Além disso, se o autor tivesse chegado a esboçar um plano minimamente definitivo, a edição de *Primeiros Versos* preparada pelo seu irmão representaria a subversão desse projecto, dado que o propósito antológico deu lugar à tentativa de reunir

[1] *Primeiros Versos: 1882-1889 (Edição Posthuma)*, Barcelos, Companhia Editora do Minho, 1937, p. 199.
[2] *Primeiros Versos: 1882-1889*, 2ª ed., revista; prólogo de Júlio Brandão; Barcelos, Companhia Ed. do Minho, 1937.

Letras de Hoje, Porto Alegre, v. 45, n. 4, p. 30-36, out./dez. 2010

Fonte: Topa (2010).

▶ **Parte textual**

a) **Introdução**: apresenta-se o texto que será objeto da crítica, o que justifica tal investimento, o tipo e a abordagem adotados como método da crítica.

b) **Desenvolvimento**: o crítico se dedica a explorar o texto, comprometido com a abordagem adotada. Caso, por exemplo, seja uma abordagem diacrônica, é necessário que sejam trazidos à tona os exemplares que identifiquem as mudanças. Assim, a organização textual poderá ser cronológica. No caso de uma crítica sincrônica, o pesquisador poderá se ater aos aspectos observados (internos, sociológicos...) e topicalizar o texto. Alguns autores, contudo, optam pela redação linear, sem a inserção de subtítulos. Nessa seção, cabem ilustrações.

c) **Conclusão**: brevemente, o autor resume a abordagem feita e, com base nos objetivos propostos, faz as considerações finais.

▶ **Parte pós-textual**

a) **Referências;**
b) **anexos (se for o caso).**

■ 4.3.4
Exemplo de crítica textual

O autor Francisco Topa publicou, em 2010, a crítica intitulada: "Entre a crítica textual e a crítica genética: um exemplo", no intuito de investigar o modo como foi reunido e ordenado o acervo da publicação póstuma do poeta António Nobre, focalizando, nos registros, indícios da identidade do seu editor. Por se tratar de um texto tecnicamente rigoroso, porém didático, indico-o como leitura (*link* de acesso consta nas Referências).

Figura 10 – Ilustrações dos manuscritos de uma crítica textual

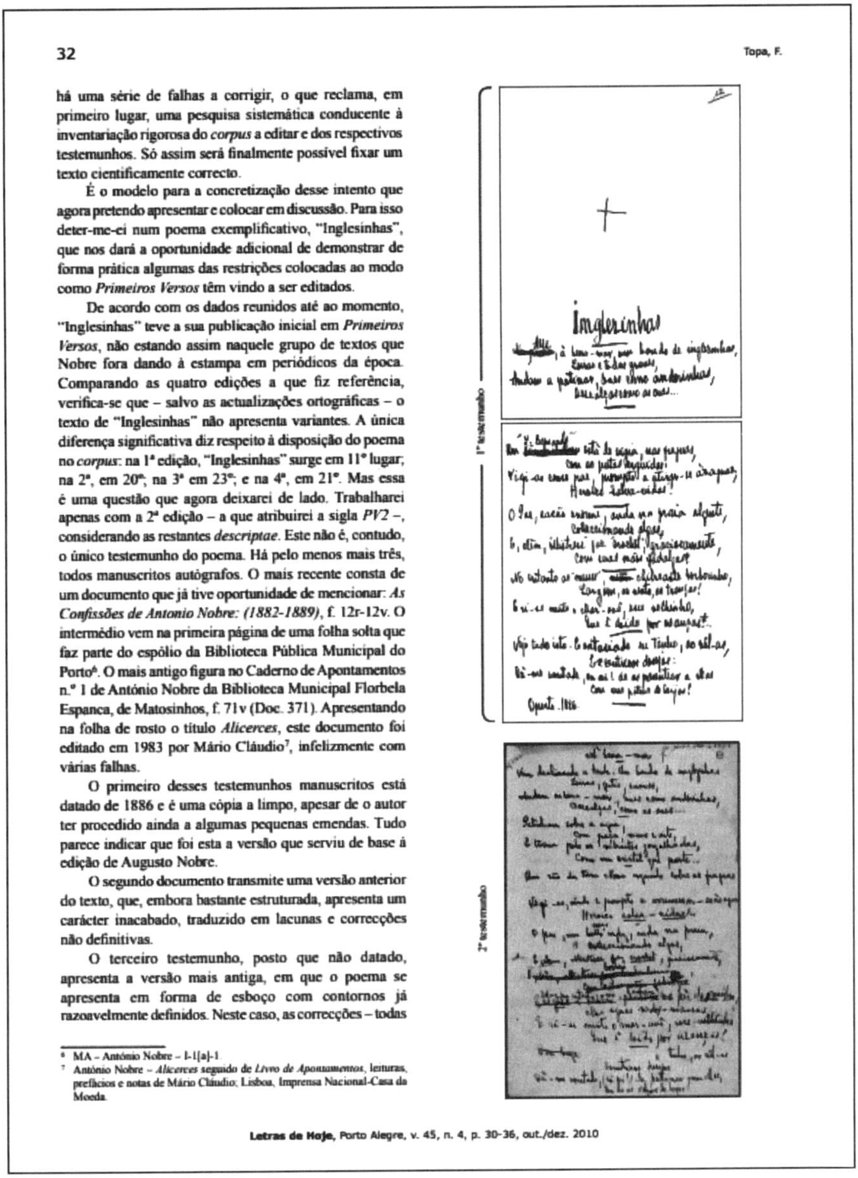

32 Topa, F.

há uma série de falhas a corrigir, o que reclama, em primeiro lugar, uma pesquisa sistemática conducente à inventariação rigorosa do *corpus* a editar e dos respectivos testemunhos. Só assim será finalmente possível fixar um texto cientificamente correcto.

É o modelo para a concretização desse intento que agora pretendo apresentar e colocar em discussão. Para isso deter-me-ei num poema exemplificativo, "Inglesinhas", que nos dará a oportunidade adicional de demonstrar de forma prática algumas das restrições colocadas ao modo como *Primeiros Versos* têm vindo a ser editados.

De acordo com os dados reunidos até ao momento, "Inglesinhas" teve a sua publicação inicial em *Primeiros Versos*, não estando assim naquele grupo de textos que Nobre fora dando à estampa em periódicos da época. Comparando as quatro edições a que fiz referência, verifica-se que – salvo as actualizações ortográficas – o texto de "Inglesinhas" não apresenta variantes. A única diferença significativa diz respeito à disposição do poema no *corpus*: na 1ª edição, "Inglesinhas" surge em 11º lugar; na 2ª, em 20º; na 3ª em 23º; e na 4ª, em 21º. Mas essa é uma questão que agora deixarei de lado. Trabalharei apenas com a 2ª edição – a que atribuirei a sigla *PV2* –, considerando as restantes *descriptae*. Este não é, contudo, o único testemunho do poema. Há pelo menos mais três, todos manuscritos autógrafos. O mais recente consta de um documento que já tive oportunidade de mencionar: *As Confissões de Antonio Nobre: (1882-1889)*, f. 12r-12v. O intermédio vem na primeira página de uma folha solta que faz parte do espólio da Biblioteca Pública Municipal do Porto[6]. O mais antigo figura no Caderno de Apontamentos n.º 1 de António Nobre da Biblioteca Municipal Florbela Espanca, de Matosinhos, f. 71v (Doc. 371). Apresentando na folha de rosto o título *Alicerces*, este documento foi editado em 1983 por Mário Cláudio[7], infelizmente com várias falhas.

O primeiro desses testemunhos manuscritos está datado de 1886 e é uma cópia a limpo, apesar de o autor ter procedido ainda a algumas pequenas emendas. Tudo parece indicar que foi esta a versão que serviu de base à edição de Augusto Nobre.

O segundo documento transmite uma versão anterior do texto, que, embora bastante estruturada, apresenta um carácter inacabado, traduzido em lacunas e correcções não definitivas.

O terceiro testemunho, posto que não datado, apresenta a versão mais antiga, em que o poema se apresenta em forma de esboço com contornos já razoavelmente definidos. Neste caso, as correcções – todas

[6] MA – António Nobre – I-1[a]-1.

[7] António Nobre – *Alicerces* seguido de *Livro de Apontamentos*, leituras, prefácios e notas de Mário Cláudio; Lisboa, Imprensa Nacional-Casa da Moeda.

Letras de Hoje, Porto Alegre, v. 45, n. 4, p. 30-36, out./dez. 2010

Fonte: Topa (2010).

■ 4.4
DISSERTAÇÃO

Documento que descreve um trabalho de pesquisa, demonstrando sólidos conhecimentos sobre a área de estudos a que se dedica. Geralmente, é defendida perante uma comissão avaliadora, a fim de se obter o título de mestre. A ABNT NBR 14724 assim conceitua a dissertação:

> É um documento que apresenta o resultado de um trabalho experimental ou exposição de um estudo científico retrospectivo, de tema único e bem delimitado em sua extensão, com o objetivo de reunir, analisar e interpretar informações. Deve evidenciar o conhecimento de literatura existente sobre o assunto e a capacidade de sistematização do candidato. É feito sob a coordenação de um orientador (doutor), visando à obtenção do título de mestre. (ABNT NBR, 14724, 2011, p. 6).

Compondo, portanto, os resultados de estudos da pós-graduação *stricto sensu*, a dissertação é legalmente requisitada como documento, por meio do Parecer Federal 977 (1965):

> Art. 2º
>
> § 1º O preparo de uma dissertação será exigido para obtenção do grau de "Mestre";
>
> [...]
>
> Art. 9º
>
> A dissertação do mestrado deverá evidenciar conhecimento da literatura existente e a capacidade de investigação do candidato, podendo ser baseada em trabalho experimental, projeto especial ou contribuição técnica. (BRASIL, 1965).

Verifica-se, por meio da norma, que o que se espera dos investimentos no curso de mestrado é que o estudante tenha se tornado um pesquisador e que seja capaz de comprovar isso com sua pesquisa final: a dissertação. Diante desse pressuposto, um dos aspectos mais rigorosos na elaboração desse texto é a construção da metodologia científica.

■ 4.4.1
Enfoques da dissertação

Ao iniciar sua pesquisa, o mestrando assume, perante o seu objeto, uma abordagem pelas vias da revisão teórica, da análise de dados empíricos, da discussão filosófica ou da crítica, sendo que todos esses enfoques gerarão trabalhos originais.

- **Dissertação com enfoque teórico** – nesse caso, a pesquisa girará em torno de uma revisão bibliográfica rigorosa, dos tipos: sistemática, meta-análise ou integrativa, a qual permite mapear as pesquisas relacionadas a uma questão específica, utilizando dados secundários.
- **Dissertação com enfoque em dados empíricos** – nesse tipo de pesquisa, o pesquisador propõe uma delimitação (pergunta), apresenta hipóteses e, para falseá-las e responder à questão proposta, percorre o caminho que vai da pesquisa bibliográfica para a coleta e análise de dados. Para isso, utiliza métodos que vão desde a observação simples até a intervenção na realidade. O estudo de caso se enquadra nesse tipo de enfoque.
- **Dissertação com enfoque em discussão filosófica** – nesse tipo de dissertação, o pesquisador põe em discussão temas que dizem respeito aos fundamentos de uma teoria, uma ciência, uma lei, uma prática etc., questionando suas razões de ser.
- **Dissertação com enfoque crítico** – fazem parte desse tipo de dissertação as propostas de pesquisa que se destinam a realizar leituras críticas. Um método, uma teoria, uma obra, um estilo, uma legislação podem ser objetos de leituras críticas.

É comum que determinados campos científicos apresentem preferências a determinadas abordagens, em detrimento de outras. Mas, seja qual for o enfoque da dissertação, o importante é que o pesquisador assuma a perspectiva teórica da sua análise e esclareça, detalhadamente, ao leitor os procedimentos metodológicos adotados e utilizados. Isso trará credibilidade ao trabalho e a comprovação de que as habilidades de pesquisador foram desenvolvidas.

■ 4.4.2   Estrutura da dissertação

Seguindo os preceitos da ABNT NBR 14724/2011, a dissertação apresenta todos os elementos de um trabalho acadêmico de largo fôlego.

Quadro 8 – Estrutura da dissertação

PARTE	ELEMENTOS		USO
Externa	Capa		Obrigatório
	Lombada		Opcional
Interna	Pré-textuais	Folha de rosto	Obrigatório
		Errata	Opcional
		Folha de aprovação	Obrigatório
		Dedicatória	Opcional
		Agradecimentos	Opcional
		Epígrafe	Opcional
		Resumo na língua vernácula	Obrigatório
		Resumo em língua estrangeira	Obrigatório
		Lista de ilustrações	Opcional
		Lista de tabelas	Opcional
		Lista de abreviaturas e siglas	Opcional
		Lista de símbolos	Opcional
		Sumário	Obrigatório
	Textuais	Introdução	Obrigatório
		Desenvolvimento	Obrigatório
		Considerações finais	Obrigatório
	Pós-textuais	Referências	Obrigatório
		Glossário	Opcional
		Apêndice	Opcional
		Anexo	Opcional
		Índice	Opcional

Fonte: ABNT NBR 14724 (2011).

4.4.2.1
ORGANIZAÇÃO TEXTUAL DA DISSERTAÇÃO

A dissertação é composta pela introdução, pelo desenvolvimento e pela conclusão, divididos em seções, que sofrem variações, dependendo das normas institucionais e da abordagem de dissertação que está sendo elaborada.

Considerando que o nível de alterações é bastante significativo, detenho-me a apontar o teor das três grandes partes do trabalho:

a) **Introdução**: nessa parte inicial do texto, o leitor buscará as informações básicas da pesquisa, para direcionar sua leitura. São elas: a contextualização e a delimitação do tema, os objetivos geral e específicos, os motivos que justificam o investimento na pesquisa, a hipótese (se houver) com a qual se opera, uma rápida menção ao método e a definição do modo como o texto será organizado. Normalmente, essa parte do texto não contempla subtítulos, a menos que seja regra da instituição à qual o pesquisador se vincula.

b) **Desenvolvimento**: é o espaço do diálogo teórico com outros estudiosos da questão, no qual a voz do pesquisador sobressai, articulando as demais vozes do texto, assumindo posicionamentos conceituais e metodológicos, refutando ideias e acrescentando outras. Além disso, espera-se nessa parte do texto a descrição metodológica da pesquisa e do percurso vivido. Por fim, se houver dados empíricos, primários ou secundários, devem ser apresentados e analisados.

c) **Considerações finais**: na parte final da dissertação, espera-se encontrar uma voz explicativa e avaliativa que traga à tona: a resposta para a pergunta proposta e para cada um dos objetivos; a avaliação da hipótese e das justificativas iniciais do trabalho; as recomendações consideradas úteis para o encaminhamento da questão. Observe que este não é espaço para novo conteúdo, mas para a compilação das ideias já desenvolvidas. Até mesmo as recomendações são derivadas de tudo o que já foi discutido no decorrer do desenvolvimento.

A elaboração de uma dissertação é um momento muito delicado para o aluno que, em seu percurso acadêmico, não desenvolveu a habilidade da produção de textos acadêmico-científicos. Para dirimir um pouco essa dificuldade, é necessário que o pesquisador seja organizado, realizando os fichamentos das leituras feitas e registrando, em documentos específicos, todos os passos e dados que forem realizados para o trabalho. Assim, quando surgir a necessidade da informação, ele poderá encontrá-la facilmente.

Vale lembrar, também, que o amadurecimento do processo de autoria encontra muito espaço no decorrer do curso de mestrado, quando se demandam do mestrando a produção e a leitura de muitos textos acadêmico e científicos.

■ 4.5
ENSAIO CIENTÍFICO

É um texto dissertativo-argumentativo, problematizador, formal, original, que surge de reflexões e estudos, discutindo um tema. A abordagem do assunto deve apresentar a tese e os argumentos com clareza e lógica, devendo ser concludente.

Pode também servir para revelar os resultados de um estudo, a análise aprofundada de um conceito ou uma biografia, trazer o desdobramento de um problema em subproblemas, reunir dados históricos sobre um assunto, levantar estratégias e recursos metodológicos utilizados em determinados cenários e assuntos, enfim, cercar amplos objetivos.

Um fator bastante caracterizador desse gênero textual é o alto nível de interpretação, julgamento pessoal e originalidade argumentativa. O autor tem maior liberdade para defender determinado posicionamento, sem que tenha, rigorosamente, de se apoiar em elementos empíricos e teóricos, como nas demais produções acadêmico-científicas. Para alcançar tal peculiaridade, o autor deve demonstrar grande informação cultural e maturidade intelectual.

Pode ser classificado como formal ou informal:

a) O **ensaio informal** é mais solicitado em produções literárias, por admitir a subjetividade e a emoção.

b) O **ensaio formal** deve refletir a preocupação com as características do trabalho acadêmico-científico, como, por exemplo, bases conceituais, objetividade, originalidade e logicidade.

■ 4.5.1
Tipos de ensaio

Por atender a diferentes objetivos, o ensaio pode ser classificado em quatro tipos (SEVERINO, 1995):

- **Ensaio empírico** – discute modelos metodológicos e práticos para se lidar com determinada questão, podendo fazer interferências estatísticas com base em levantamento de dados.
- **Ensaio teórico** – procura refletir e discutir sobre a validade e aplicabilidade de teorias, pressupostos e padrões adotados, nível de abstração, conceitos metodológicos etc.
- **Ensaio analítico ou filosófico** – levanta questionamentos e reflexões sobre um tema, procurando trazer rigor lógico à argumentação e forte posicionamento ideológico, explícita ou implicitamente.
- **Ensaio descritivo ou histórico** – é a discussão de um tema com base em fatos históricos. As pequenas narrativas servem de argumentos ilustrativos para organizar as ideias de modo mais cronológico. Na seleção dos fatos, destacam-se dados, modelos, comportamentos ou outros elementos e se discute sobre eles.

■ 4.5.2
Estrutura do ensaio científico

Como o ensaio não é normalizado pela ABNT, comumente se utiliza a estrutura intelectual e gráfica do artigo científico, sendo, contudo, um texto menor, com cerca de oito páginas.

▶ **Parte pré-textual**

a) No alto da página, escreve-se o título do ensaio, com remissiva ao rodapé esclarecendo a origem do texto.

b) Alinhado à direita, registra-se o nome do autor, também remissiva ao rodapé indicando formação, instituição à qual está vinculado e endereço eletrônico.

▶ **Parte textual**

a) **Introdução**: inicie a escrita situando o leitor sobre o tema que será discutido, a tese proposta, configurando o raciocínio dedutivo, e a definição do texto como um ensaio, se possível, tipificando-o como empírico, teórico, filosófico ou histórico. O ensaísta tem a liberdade de lançar a questão e explicitar a tese apenas no final do texto, numa organização indutiva do raciocínio.

b) **Desenvolvimento**: traga os argumentos selecionados para comprovar a tese. Organize-os de modo lógico e coerente com o tipo de ensaio que irá desenvolver. Caso opte pelo ensaio empírico, por exemplo, selecione os procedimentos a serem discutidos, seus pontos fortes e fracos, enfatizando o aspecto que lhe interesse. Se, por outro lado, deseja construir um ensaio histórico, eleja os fatos e organize-os cronologicamente, procurando identificar as alterações ocorridas ao longo do tempo.

c) **Conclusão**: espera-se encontrar, neste espaço, todo o fechamento da discussão proposta, de modo concludente, objetivo, resistindo às ideias evasivas. Pode ser: um reforço à ideia central/tese apresentada no início; um resumo de tudo o que foi apresentado; uma prospecção de dados e fatos, quando se tratar de ensaio empírico ou histórico; uma sugestão de intervenção etc. No caso de organização indutiva, em que a tese não foi esclarecida no início, este é o momento de apresentá-la objetivamente.

▶ **Parte pós-textual**

Referências – seguindo a norma da ABNT NBR 6023 (2018).
Não há a obrigatoriedade dos tópicos explícitos: introdução, desenvolvimento e conclusão, mas, no conteúdo das referidas partes, devem constar:

a) Tese pessoal;
b) argumentação consistente, bem desenvolvida e objetiva;
c) conclusão clara e coerente com a argumentação;
d) apresentação de maturidade intelectual, podendo incluir juízos de valor, com reflexões claras, concisas e interessantes.

Figura 11 – Aspecto visual do ensaio

Margens justificadas: esquerda e superior - 3 cm direita e inferior - 2 cm

TÍTULO DO ENSAIO[1]

Título do ensaio: negrito, fonte 12, centralizado, caixa-alta e remissão ao rodapé.

Autor[2]

1 INTRODUÇÃO

Autor do ensaio: fonte 10 e remissão ao rodapé.

Informe, nesta introdução: o tema, a delimitação, a justificativa, os objetivos, a metodologia e o modo de organização textual. É necessário informar também que se trata de um ensaio e o tipo que ele representa. Defina o seu ensaio, conforme tipologia abaixo:

2 DESENVOLVIMENTO

Corpo do texto: cerca de 8 páginas, fonte 12. Subtítulos opcionais.

Esta é a parte da fundamentação teórica do seu ensaio. Caberá, então, a você registrar as pesquisas que realizou e que servirão para você compreender os dados que você coletará.

Este é o momento do diálogo com os teóricos, devendo ser realizadas citações. Você pode dividi-lo em tópicos e sub-tópicos e não é necessário que o título "desenvolvimento" seja um deles.

3 CONCLUSÃO

Em suas pesquisas de campo, você coletou alguns dados. Este é o momento de apresentá-los e de interpretá-los.

Avalie a sua pesquisa: os objetivos, o método usado, o percurso e o produto final. Que ganhos podem ser verificados? Que habilidades você pode desenvolver? Que recomendações podem ser feitas?

Referências consultadas.

REFERÊNCIAS

ASSOCIAÇÃO BRASILEIRA DE NORMAS TÉCNICAS. **NBR 14724: Informação e documentação:** Trabalhos acadêmicos – apresentação. Rio de Janeiro, 2005.

ASSOCIAÇÃO BRASILEIRA DE NORMAS TÉCNICAS. **NBR 6023: Informação e documentação:** Referências – Elaboração. Rio de Janeiro, 2002.

_____
[1] Trabalho desenvolvido como requisito parcial na conclusão da disciplina Leitura e Produção de Textos Acadêmicos - 2012.
[2] Graduando do curso de Letras – Faculdade Pitágoras.

Rodapé: esclarecimentos sobre o ensaio e credenciais do autor. Fonte 10 e entrelinha 1.

Fonte: Elaborada pela autora.

■ 4.5.3
Dicas para a elaboração de um ensaio científico

1º Passo: reflita sobre o tema, leia a respeito e defina o objetivo da produção.

2º Passo: construa um esquema do texto, em tópicos, identificando as ideias relevantes para a introdução, o desenvolvimento e a conclusão.

3º Passo: redija a tese e avalie sua consistência e as condições argumentativas de comprovação.

4º Passo: digite o ensaio, conforme as normas de formatação de trabalhos acadêmicos – ABNT 14724 (2011).

5º Passo: leia e revise o seu texto. Destaque os pontos principais, avalie a clareza, a força dos argumentos, a correção linguística, a estrutura, o alcance dos objetivos e das expectativas. Pergunte-se: "Se eu não fosse o autor deste texto, eu seria convencido acerca dessa ideia?"

Falando com o aluno

Quando o seu professor lhe solicitar um ensaio, esclareça os objetivos a serem alcançados e os elementos que serão avaliados. Peça-lhe indicações de normas e padrões textuais seguidos por ele. Isso é necessário porque, como já foi dito, o ensaio não é normalizado pela ABNT, o que pode gerar grande variedade de modelos e formatos. Caso não sejam fornecidos, siga as instruções deste manual.

4.5.4
Exemplo de início de um ensaio

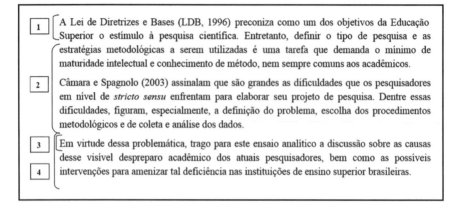

No exemplo, podem-se constatar, no trecho marcado como 1, o tema a ser discutido no ensaio; no trecho 2, a problematização relativa ao assunto em pauta; no 3, o autor identifica o gênero textual ensaio e o tipo de ensaio que está sendo feito; e, no fragmento 4, o pesquisador apresenta os objetivos do ensaio.

4.6
ESTUDO DE CASO

Trata-se de uma estratégia de pesquisa que considera um fato como objeto de análise. O pesquisador visa demonstrar evidências científicas a respeito de um fenômeno ou de um conceito mais amplo por meio de estudos empíricos em redor de um ou vários casos.

O resultado desse estudo pode ser relatado ou como parte de um gênero científico mais denso (monografia, dissertação, tese...), no capítulo destinado à análise de dados, ou como o próprio gênero textual. Em se tratando de uma pesquisa científica, em qualquer das situações, o critério e o rigor metodológico são elementos fundamentais para imprimir credibilidade ao estudo. Para tanto, o pesquisador deve observar princípios e regras no decorrer de todo o processo de investigação.

■ 4.6.1
Tipos de estudos de casos quanto à quantidade

A depender dos objetivos do pesquisador, ele pode optar pelo estudo de caso **único** ou de casos **múltiplos**.

▶ **Estudos de casos únicos**

São as ocorrências mais comuns entre as pesquisas e focalizam uma unidade de observação, como um indivíduo (em um caso clínico, por exemplo); um grupo (de professores alfabetizadores de uma mesma escola); uma instituição (que pode ser um caso de sucesso ou de fracasso na implantação de uma nova metodologia de gestão); um programa (social, eletrônico...); um evento (uma campanha de doação de agasalhos que tenha se destacado), enfim, o importante é que o caso a ser observado seja considerado objeto único a ser analisado.

▶ **Estudos de casos múltiplos**

Caracterizam-se com a ocorrência de dois ou mais casos estudados simultaneamente. Quando isso ocorre com dois casos, chamamos de casos duplos que, normalmente, são objetos de comparação. Quando o estudo focaliza três ou mais casos, o pesquisador pode analisar vários indivíduos que tenham vivenciado situações semelhantes, por exemplo, mulheres com mais de 50 anos que retornam ao mercado de trabalho; várias instituições, como o caso da condução de projetos da mesma natureza por várias assembleias legislativas; ou vários eventos, quando, por exemplo, uma mesma enfermidade é observada em indivíduos diversos. O essencial, nesses casos, para que o estudo seja identificado como estudo de casos múltiplos, é que haja pontos de convergência entre eles, os quais devem ser descritos pelo pesquisador.

A respeito da seleção do caso, Gil (2009) recomenda que consideremos alguns critérios: ser raro, ser decisivo em determinada situação, ser revelador de algum fenômeno, ser típico de alguma orientação teórica, ser um caso extremo ou discrepante da normalidade.

Ainda quanto à tipologia do estudo de caso, verifica-se que, a depender da área de conhecimento e dos objetivos a serem alcançados, esse gênero sofre modificações. São recorrentes, por exemplo, os chamados casos de ensino, os *cases* da saúde e da administração. Modificam-se os nomes, mas os fundamentos devem continuar sendo os mesmos. Há, contudo, breves relatos de casos que não são considerados científicos, apenas instrumentos pedagógicos a serem usados no processo ensino-aprendizagem.

■ 4.6.2
A construção de um estudo de caso

▶ Planejamento

Coerentemente com o percurso de uma pesquisa científica, o estudo de caso origina-se com um *projeto de pesquisa*. Neste mesmo capítulo, (seção 4.18, "Projeto de pesquisa"), você poderá consultar como se elabora um projeto de pesquisa. Como acréscimo, vale destacar que o tipo de pergunta de um estudo de caso, por ser de natureza qualitativa, é mais geral do que de outras modalidades de pesquisa. Normalmente, inicia-se com "Por que", "Que" ou "Como", já que se espera que, ao descrever e analisar o caso selecionado, o pesquisador poderá responder à pergunta.

EXEMPLO

- Como desenvolver lideranças comprometidas com os resultados organizacionais e com a qualidade de vida no trabalho?
- Por que se deve estruturar os cursos de formação docente com base em competências e habilidades?
- Que características um estudo de caso deve apresentar para ser reconhecido como pesquisa científica?

Os três problemas de pesquisa exemplificados podem ser respondidos a partir de criteriosos estudos de casos, únicos ou múltiplos.

Ainda na etapa do planejamento, ressalto que os *objetivos* elencados devem ser coerentes com as possibilidades de um estudo de caso. Os verbos descrever, analisar, comparar, verificar, por exemplo, indicam ações condizentes com o alcance dessa metodologia de pesquisa.

Um último destaque para auxiliá-lo na elaboração do projeto é quanto à justificativa. Como o estudo de caso tem sido visto com desconfiança por alguns avaliadores, pelo fato de certos pesquisadores pensarem equivocadamente nesse viés como um caminho mais fácil para a pesquisa, é importante você deixar claros os motivos que o conduziram a essa decisão. Apresente, portanto, as suas justificativas.

▶ Pesquisa bibliográfica

Definidos os aspectos basilares e os rumos do estudo, o pesquisador parte para leituras e fichamentos. É imprescindível compreender concepções, teorias, procedimentos e legislações que cercam o tema. Após esse fortalecimento cognitivo, o pesquisador terá clareza suficiente para escolher um caso que se identifique como raro, decisivo, revelador, típico ou anormal em relação ao que diz a literatura.

Considerando que em um percurso de pesquisa muita coisa pode acontecer, o inverso também pode ser viável. Refiro-me àquelas circunstâncias em que o próprio caso é que atrai o pesquisador e o "convoca" ao estudo. Mesmo assim, em situações como essa, o estudioso recorrerá à revisão bibliográfica para, depois, analisar o caso que lhe chamou a atenção.

▶ Coleta de dados

Cada caso possui suas especificidades contextuais que devem ser respeitadas. Certo é que, para realizar tal estudo, o pesquisador deverá investir em uma coleta de dados criteriosa, usando instrumentos adequados a cada caso: entrevistas, questionários, observações, análises documentais, narrativas, grupos de foco... São muitas as possibilidades (descritas no tópico 3.3 desta obra) disponíveis na metodologia científica para que os dados mais relevantes sejam coletados e registrados para posterior análise.

▶ **Análise dos dados**

Os dados são coletados no intuito de se responder a um problema de pesquisa. Então, com as informações compiladas em textos expositivos, tabelas ou gráficos, o pesquisador traz à tona esse problema inicial, os objetivos elencados e a base teórica que sustenta a pesquisa para fazer a triangulação de informações. É nesse esforço de compreender o caso, como um fenômeno que se ajusta ou se afasta de determinadas propostas ou modelos, que as respostas vão surgindo e as contribuições vão se apresentando. É hora, então, de concluir o documento a ser apresentado.

> O mercado de *softwares* muito tem evoluído na criação de aplicativos que ajudam a organizar dados e gerenciar a informação, liberando o pesquisador de uma parte mais rotineira e enfadonha da pesquisa. Alguns são livres e outros de uso mais restrito. Consulte, por exemplo, o CAQDAS Networking Project e verifique em que aspecto você poderá ser auxiliado. Disponível em: http://caqdas.soc.surrei.ac.uk/index.htm.

■ 4.6.3
Organização do texto

Com os dados organizados e interpretados, passa-se ao relatório final. Como disse no início desta exposição, um estudo de caso pode ser descrito em um relatório maior, como em uma dissertação de mestrado, e pode configurar no próprio gênero "estudo de caso". De qualquer forma, ele deve conter:

a) **Introdução**: informa o tema em discussão, a problemática da pesquisa, a justificativa, os objetivos a serem alcançados, uma menção ao método e uma indicação sobre a organização textual.

b) **Desenvolvimento**: dividido em três partes:
- O referencial teórico – que sustenta toda a discussão envolvida no processo da pesquisa e todas as categorias de análise do caso.
- A metodologia – que apresenta ao leitor todo o procedimento metodológico que dá credibilidade à pesquisa. Informe os fins da pesquisa como descritivo e explicativo, assuma o estudo de caso como o meio de investigação, traga uma definição de estudo de caso e diga que tipo irá fazer, descreva, por fim, os procedimentos operacionais que você realizou até chegar aos resultados pretendidos.
- O estudo de caso – esta parte do texto deverá ter "estudo de caso" como título (ou parte dele) e deve ser organizada seguindo o raciocínio que mais precisamente revele os dados verificados. O autor pode optar, por exemplo, pelas categorias de análise adotadas no trabalho, por tópicos teóricos mais relevantes, por procedimentos ou materiais utilizados, pelos objetivos definidos, pela cronologia dos fatos, pela comparação entre os casos... enfim, não existe uma estrutura rígida e única. O pesquisador deve se orientar pelo que lhe pareça mais relevante e que poderá contribuir para a valorização do estudo realizado.

c) **Conclusão**: nas considerações finais do estudo de caso, o autor faz a avaliação geral do seu percurso e do resultado alcançado, registra objetivamente a resposta a que chegou, avalia cada um dos objetivos, assim como o procedimento adotado e deixa as recomendações, se houver.

Na construção do texto, o autor deverá buscar a precisão descritiva, evitando as apreciações subjetivas que possam reduzir a credibilidade do relato, imprimindo mais percepções pessoais do que constatações científicas.

4.6.4
Formalização do texto

Levando-se em conta a divisão estrutural do estudo de caso, o autor deve adequar a formatação do seu texto ao gênero estabelecido pela instituição a que se vincula o trabalho. Se for uma monografia, uma dissertação, um relatório ou uma tese, deve-se utilizar, como referência, a ABNT NBR 14724/2011.

Quadro 9 – Estrutura do estudo de caso adequado à ABNT NBR 14724/2011

ELEMENTO	USO
Elementos pré-textuais	
Capa	Obrigatório
Folha de rosto	Obrigatório
Dedicatória	Opcional
Agradecimentos	Opcional
Epígrafe	Opcional
Resumo	Obrigatório
Sumário	Obrigatório
Elementos textuais	
Introdução	Obrigatório
Desenvolvimento	Obrigatório
Conclusão ou Considerações finais	Obrigatório
Elementos pós-textuais	
Referências	Obrigatório
Apêndices	Opcional

Fonte: ABNT NBR 14724 (2011).

Se, por outro lado, a apresentação for em formato de artigo científico, o pesquisador seguirá os parâmetros da ABNT NBR 6022/2018.

Quadro 10 – Estrutura do estudo de caso adequado à ABNT NBR 6022/2018

ELEMENTO	USO
Elementos pré-textuais	
Título do artigo em língua vernácula – centralizado, em negrito e caixa-alta (fonte 12).	Obrigatório
Título do artigo em língua estrangeira – centralizado, em negrito e caixa-alta (fonte 12).	Obrigatório
Nota de rodapé vinculada ao título indicando a origem do trabalho e sua vinculação institucional (fonte 10).	Obrigatório
Nome(s) do(s) autor(es) – alinhado(s) à direita em fonte menor (10 ou 11).	Obrigatório
Nota de rodapé vinculada ao nome do(s) autor(es) – indica as credenciais do(s) autor(es) (fonte 10).	Obrigatório
Resumo – título centralizado, em negrito e caixa-alta. Texto justificado em ambas as margens, entrelinha simples e fonte 12.	Obrigatório
Palavras-chave – até cinco termos separados por ponto e iniciados por letra maiúscula.	Obrigatório
Resumo e palavras-chave em língua estrangeira.	Obrigatório
Sumário – título centralizado, em negrito e caixa-alta. Texto em colunas indicando a seção/subtítulo e as respectivas páginas. Fonte 12 e formatação dos títulos equivalente à utilizada no interior do texto.	Obrigatório
Elementos textuais	
Introdução – Título enumerado e formatado à margem esquerda. Texto justificado, entrelinha 1,5 e fonte tamanho 12. Parágrafos identificados com recuo de 1,25 cm ou com espaço de 6 pontos entre um parágrafo e outro.	Obrigatório
Desenvolvimento – Título enumerado e formatado à margem esquerda. Texto justificado, entrelinha 1,5 e fonte tamanho 12. Parágrafos identificados com recuo de 1,25 cm ou com espaço de 6 pontos entre um parágrafo e outro. Não esquecer que o título da análise de dados recebe o nome de "Estudo de Caso" ou "Estudo do Caso X".	Obrigatório
Conclusão ou Considerações finais – Título enumerado e formatado à margem esquerda. Texto justificado, entrelinha 1,5 e fonte tamanho 12. Parágrafos identificados com recuo de 1,25 cm ou com espaço de 6 pontos entre um parágrafo e outro.	Obrigatório

Elementos pós-textuais	
Título do artigo em língua estrangeira – centralizado, em negrito e caixa-alta (fonte 12).	Obrigatório
Referências – lista de obras utilizadas para a realização da pesquisa. Devem ser apresentadas em ordem e as margens justificadas à esquerda.	Obrigatório
Apêndices – textos de autoria do próprio autor, que ele julgue de relevância para o conhecimento do leitor.	Opcional
Anexos – textos de autoria de terceiros que o autor julgue de relevância para o conhecimento do leitor.	Opcional

Fonte: ABNT NBR 6022 (2018).

Por fim, é importante frisar que o estudo de caso, assim como todo trabalho científico, alcançará maior ou menor confiabilidade, dependendo do nível de esforço e método impressos no trabalho desenvolvido.

■ 4.7 FICHAMENTO

Constitui uma das técnicas de documentação do pesquisador. Os registros fichados permitem consulta posterior do autor, sempre que ele precisar escrever sobre o tema. Sem essa técnica, as leituras tendem a ser esquecidas. Assim, todas as vezes que houver necessidade do assunto, o pesquisador se vê obrigado a recorrer ao texto-fonte. Pode ser considerado como fonte para o fichamento tudo aquilo que o autor julgar importante: seminários, grupos de discussão, conferências, artigos, livros e até anotações de aula.

Para alcançar o seu objetivo de acesso rápido aos dados fichados, o autor deve ser organizado ao seccionar as informações, para que elas não se percam. Antes, tais registros eram feitos em fichas pautadas de papel-cartão, hoje, contudo, podem ser feitos em qualquer programa de dados de um computador.

Quanto à função, as fichas podem ser classificadas como catalográficas ou de leitura.

Ficha catalográfica: utilizada em catalogações de bibliotecas, serve para identificar autor e localizar assunto e título. Normalmente, é feita por um bibliotecário.

Ficha de leitura: resulta da leitura de um livro ou texto, facilitando a execução de trabalhos acadêmicos e a assimilação de conteúdos estudados. Este é o nosso maior interesse neste livro.

■ 4.7.1
Tipos de fichamento de leitura

A elaboração de fichamentos deve-se ao fato de o autor estar, normalmente, dedicando-se a alguma pesquisa. Assim, dependendo do objetivo, o pesquisador pode fichar as suas leituras de três modos diferentes: registrando citações, resumindo as informações ou analisando-as.

- **Fichamento de citação** – é a transcrição textual, a reprodução fiel dos trechos que se pretende usar na redação do trabalho. Registram-se as passagens que poderão ser utilizadas, posteriormente, como citações diretas. É importante registrar o número das páginas de cada fragmento selecionado, para facilitar o trabalho da redação posterior.
- **Fichamento de conteúdo ou de resumo** – é a síntese das ideias do texto lido. É o registro de um resumo informativo de uma obra ou parte dela, em que o aluno escreve com suas palavras aquilo que leu. Esse tipo de fichamento alimentará as citações indiretas na redação final do trabalho.
- **Ficha analítica ou de comentário** – é a descrição com comentários dos tópicos abordados em uma obra ou parte dela, cuja elaboração demanda do pesquisador maior domínio do assunto. Pelo fato de ele descrever e analisar as informações encontradas na leitura, esse tipo de fichamento facilita e enriquece a redação final de um trabalho acadêmico, pois já traz a voz do pesquisador em diálogo com os autores citados.

4.7.2
Estrutura de um fichamento

▶ **Parte pré-textual**

a) No alto da página, registre o cabeçalho, composto de "tema geral", "tema específico". Esses temas podem estar vinculados, por exemplo, ao sumário do seu trabalho. Se isso ocorrer, a respectiva numeração do tópico do sumário deve ser informada.

b) Abaixo, registre o tipo de fichamento que está fazendo (de citação, de resumo ou analítico).

c) Em seguida, informe a referência bibliográfica da obra fichada.

▶ **Parte textual**

O corpo do fichamento dependerá do objetivo do trabalho que será feito pelo pesquisador. Caso o pesquisador opte pelo fichamento de citação, ele deve transcrever o trecho, colocar entre aspas e registrar o número da página, no final da citação. No fichamento de resumo, o autor sintetiza a(s) passagem(ns) que lhe interessa(m) e registra tal síntese. Por fim, no fichamento analítico, ele faz comentários sobre o que leu, posicionando-se em relação ao dito e tentando dialogar com o autor, concordando, discordando, acrescentando etc.

▶ **Parte pós-textual**

Caso o fichamento seja feito por solicitação de um professor, como atividade avaliativa, registre o seu nome e suas credenciais no rodapé da ficha.

■ 4.7.3
Exemplos de fichamentos

Exemplo 1 – Fichamento de citação

Interacionismo	**A interação em sala de aula**	**2.4**

Fichamento de citação

CASTANHEIRA, Maria Lúcia. **Aprendizagem contextualizada**: discurso e inclusão na sala de aula. 2. ed. Belo Horizonte: Ceale; Autêntica, 2010. 191 p.

"Ao examinar a linguagem nessas duas perspectivas, o pesquisador examina como as **demandas e expectativas, papéis e relacionamentos, direitos e obrigações** em relação à participação nas atividades da sala de aula são reconstruídos e renegociados à medida que professor e alunos interagem ao longo do tempo." (p. 48)

"À medida que participantes de uma turma interagem, ao longo do tempo, eles passam a agir como uma cultura, no sentido de que criam **princípios para a ação**, estruturas culturais e conhecimento comum **que orientam a participação no grupo**." (p. 52)

Elaborado por: Nome do aluno. Disciplina: Nome da disciplina/curso/instituição. Ano.

Exemplo 2 – Fichamento de conteúdo (ou de resumo)

Interacionismo	Interação em Sala de Aula	Aprendizagem contextualizada	2.4.2

Fichamento de conteúdo (ou resumo)

CASTANHEIRA, Maria Lúcia. **Aprendizagem contextualizada**: discurso e inclusão na sala de aula. 2. ed. Belo Horizonte: Ceale; Autêntica, 2010. 191 p.

O livro **Aprendizagem Contextualizada**, de Castanheira (2010), é fruto da uma pesquisa desenvolvida em uma turma de 5ª série bilíngue de uma escola pública da cidade de Santa Bárbara, na Califórnia (EUA). Nos seis capítulos do livro, a autora compartilha com seu leitor uma visão da sala de aula como cultura, em uma investigação cujo objetivo é verificar como um professor age para possibilitar o acesso a práticas científicas e de letramento que costumam ser privilégio de alunos oriundos de grupos social e economicamente favorecidos.

A autora esclarece e divulga exemplos favorecedores da aprendizagem e da inclusão de alunos com perfis diferentes. Para dissecar tais exemplos, ela lançou mão de teorias complementares (Antropologia Cognitiva, Sociolinguística Interacional e Análise Crítica do Discurso) e examinou as consequências epistemológicas da adoção de diferentes ângulos analíticos, definidos a partir de uma abordagem teórico-metodológica particular. Especificamente, ela descreveu como a vida em sala de aula é discursivamente construída pelos membros por meio de suas interações.

No primeiro capítulo, [...]

Elaborado por: Nome do aluno. Disciplina: Nome da disciplina/curso/ instituição. Ano.

Exemplo 3 – Fichamento analítico (ou de comentário)

Interacionismo	Unidade de Sequência Interacional	2.5

Fichamento analítico

CASTANHEIRA, Maria Lúcia. **Aprendizagem contextualizada**: discurso e inclusão na sala de aula. 2. ed. Belo Horizonte: Ceale; Autêntica, 2010. 191 p.

Não sendo linguista, nem socióloga, a educadora transitou por teorias dessas áreas com leveza e simplicidade, revelando a sala de aula como um (con)texto discursivamente construído pelos participantes da interação e tomando as pessoas como ambientes umas para as outras. Desse modo, entendeu o contexto como algo que sempre muda, e a linguagem como elemento constitutivo da interação, cujos participantes são sócio-historicamente construídos. Tecnicamente, utilizou a unidade de sequência interacional (GREEN, 1983) para analisar os tópicos conversacionais e mapear os eventos interacionais observados. A contribuição da pesquisa da Castanheira é inegável, especialmente por mostrar a aprendizagem a partir de uma perspectiva contextual, construída por meio da linguagem e de práticas discursivas.

Elaborado por: Nome do aluno. Disciplina: Nome da disciplina/curso/instituição. Ano.

No caso de o aluno fazer o fichamento no computador, para ser entregue como atividade avaliativa, ele deve usar papel branco A4, entrelinha 1,5, fonte: Arial ou Verdana 12, paginação: superior à direita – a partir da página 2, margens superior e esquerda: 3 cm e inferior e direita: 2 cm. Impressão em face única.

Deve, também, usar um cabeçalho com as seguintes informações:

Instituição:

Curso:

Disciplina:

Professor:

Aluno:

Tema Geral:

Tema Específico:

Tipo de Fichamento:

Referência:

Esse é um dos gêneros textuais acadêmicos mais antigos, cujos modos de elaboração têm sido alterados em função dos recursos tecnológicos, mas cuja utilização tem sido cada vez mais demandada pelos pesquisadores. Em ficha, em cadernos ou em programas de computador, o fichamento é uma forma de registro de inegável utilidade.

■ 4.8
INFORME CIENTÍFICO

Trata-se de um relato escrito com o objetivo de divulgar os resultados parciais ou totais de pesquisas, as descobertas realizadas, as dificuldades encontradas ou previstas, os primeiros resultados de uma investigação em curso etc. É o mais sintético dos trabalhos científicos, restringindo-se à descrição dos resultados alcançados pela pesquisa.

Sendo um estudo original, os mencionados resultados deverão ser obtidos por meio de pesquisa de campo, de experimentos laboratoriais ou documentais. A redação deve ser elaborada com clareza e detalhes, de modo que a pesquisa realizada possa ser repetida por outro pesquisador que se interesse pela investigação.

O informe científico é um gênero textual a ser divulgado em periódicos e eventos científicos, ou até mesmo em veículos de divulgação científica, como: *Canal Ciência, Ciência Online, National Geographic* etc. O pesquisador deve procurar se informar sobre as regras praticadas pelo veículo ou evento científico e adequar o seu texto a elas. Normalmente, o informe tem, em média, 10 laudas.

Como não é um texto normalizado pela ABNT, utiliza-se como parâmetro para formatação e estrutura a ABNT NBR 6022 (2018), que trata de artigo científico. Aliás, a diferença entre este e aquele é que o informe traz resultados mais pontuais da pesquisa, relacionados a algum objetivo específico, a alguma etapa vencida ou a alguma dificuldade encontrada (nos procedimentos metodológicos, na análise dos dados, na fundamentação teórica etc.). Entretanto, pode-se entender o artigo como um gênero de informe científico também.

■ 4.8.1
Estrutura do informe científico

Os elementos estruturais do artigo, adaptados para o informe científico, são:

▶ **Parte pré-textual**

a) No alto da página, escreve-se o título.

b) Logo após, registra-se o título em outro idioma (opcional).

c) Alinhado à direita, registra(m)-se o(s) nome(s) do(s) autor(es) com respectivas credenciais em nota de rodapé, indicando formação, instituição à qual está vinculado e endereço eletrônico.

d) Após espaço duplo, escreve-se "RESUMO", mais um espaço duplo e o registro do resumo homotópico na língua do texto (máximo de 250 palavras).

e) Abaixo do resumo, registram-se as palavras-chave na língua do texto (máximo de cinco palavras ou expressões iniciadas por letra maiúscula, separadas e finalizadas por ponto-final).

f) Abaixo do resumo e das palavras-chave na língua do texto, registram-se o resumo e as palavras-chave em outro idioma (opcional).

g) Informam-se a seguir as datas de submissão e de aprovação do texto para a publicação.

h) Finalizando a parte pré-textual, é opcional fornecer dados sobre a identificação e disponibilidade do texto.

▶ **Parte textual**

a) **Introdução**: nessa seção, o pesquisador faz um breve panorama da pesquisa, seus objetivos, métodos e base teórica. A seguir, informa o recorte que será tratado no informe.

b) **Desenvolvimento**: é o espaço para o pesquisador revelar o ponto específico a ser divulgado. Para tanto, informe os procedimentos metodológicos usados, realçando os objetivos pretendidos para aquele processo. Informe os dados obtidos e o resultado alcançado. Realce os achados, aquilo que já considera fato científico, ao lado do que considera em andamento, ou o que se configura como um nó (dificuldade) da pesquisa. Enfim, deixe o leitor ou espectador do evento atualizado sobre o percurso e sobre os resultados.

c) **Considerações finais**: tendo em mente o problema levantado, a hipótese que foi testada com a pesquisa e os objetivos previstos, o pesquisador apresenta uma síntese das principais descobertas, sugestões, questionamentos e prospecções para encaminhamento do problema investigado.

▶ **Parte pós-textual**

a) **Referências**: apresentadas conforme a ABNT NBR 6023/2018.

b) **Apêndices**: textos extras de autoria própria.

c) **Anexos**: textos extras de autoria de terceiros.

d) **Agradecimentos**: textos sucintos e aprovados pelo periódico que publicará o texto, em que se dá credito às pessoas que contribuíram de forma relevante à realização do estudo.

■ 4.8.2
Formatação do informe científico

Quadro 11 – Partes e especificações do informe científico

Parte do texto	Especificações
Título do trabalho	Centralizado, negrito, caixa-alta, fonte 12. Fonte utilizada no artigo: Times New Roman.
Nome(s) do(s) autor(es)	Iniciais maiúsculas, alinhado(s) à direita, fonte 10. Saltar um espaço simples.
Resumo na língua vernácula e na estrangeira	Título: caixa-alta, centralizado, negrito, fonte 12. Saltar um espaço simples. Texto: margens justificadas, fonte 12, entrelinha simples. Saltar um espaço simples. Palavras-chave: iniciais maiúsculas, fonte 12, separadas e finalizadas por ponto.
Títulos	Fonte 12, negrito, caixa-alta. Saltar um espaço simples entre os títulos e o texto.
O corpo do texto	Fonte 12, entrelinha 1,5, margens justificadas. Saltar um espaço simples entre os parágrafos ou dar um recuo de 2 cm.
Referências	Título: caixa-alta, centralizado, negrito, fonte 12. Saltar um espaço simples. Referências: entrelinha 1, fonte 12, conforme a ABNT NBR 6023/2018. Saltar um espaço simples entre cada referência.
Nota de rodapé	Fonte 10, entrelinha 1, da 2ª linha em diante alinhar à 1ª linha.
Citações	Direta curta: entre aspas, mesma fonte do texto, informar fonte completa (AUTOR, ano, p.). Direta longa: separada do texto por um espaço simples (antes e depois), recuo de 4 cm, fonte 10, entrelinha 1. Informar fonte completa (AUTOR, ano, p.). Indireta: no corpo do texto, normalmente. Informar fonte antes ou depois da citação (AUTOR, ano).
Ilustrações	Identificar, na parte superior, com o tipo de ilustração, o número e o nome. Na parte inferior, informar a fonte (AUTOR, ano, p.).

Fonte: ABNT NBR 6022 (2018), 6023 (2018).

Figura 12 – Aspecto visual do informe científico

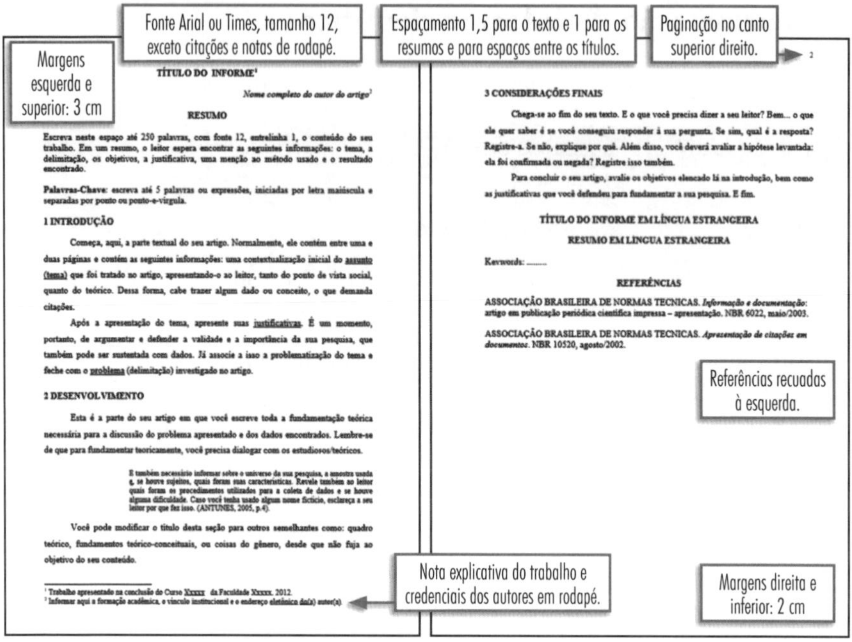

Fonte: Elaborada pela autora.

■ 4.9
INVENTÁRIO ACADÊMICO

Inventariar é, nas acepções dicionarizadas, descrever minuciosamente, relacionar, registrar, catalogar algo. O termo *inventário* é mais popularmente conhecido como um documento em que se relacionam os bens deixados por alguém que faleceu.

No meio acadêmico, a ideia da descrição e do registro de algum dado ou fenômeno tem gerado inúmeros trabalhos denominados inventários acadêmicos. Trata-se, portanto, de uma pesquisa, cujo foco é o levantamento de dados para a construção de um panorama acerca de determinado assunto.

Para sua elaboração, o pesquisador deve definir com clareza o universo a ser pesquisado e lançar mão de uma amostra que possibilite uma validação empírica dos dados. A pesquisa pode ser apresentada em forma de trabalho acadêmico convencional ou pode ser redigida em um dos gêneros de comunicação científica (artigo ou pôster), caso o objetivo do autor seja divulgar o resultado do trabalho.

■ 4.9.1
Metodologia para a construção de um inventário

Do ponto de vista metodológico, um inventário é caracterizado como uma pesquisa de finalidades exploratória e descritiva, já que se pretende explorar determinado universo e descrever os achados em amostra definida.

Para tal realização, o pesquisador utilizará fontes documentais, de observação e de memória, considerando que os dados podem ou não estar registrados. Para catalogar e organizar as informações, serão necessários instrumentos de coleta criteriosos, a fim de captar a informação com presteza e honestidade. Formulários, entrevistas e questionários são recursos produtivos para essa tarefa.

Antes de compor o(s) instrumento(s) a ser(em) utilizado(s), é interessante que o pesquisador faça uma exploração prévia do universo pesquisado, o que dará maior precisão aos itens a serem verificados. É também recomendável que o pesquisador faça um pré-teste do instrumento e proceda às modificações que julgar necessárias.

Assim, no intuito de catalogar informações e construir o panorama de algum tema, o pesquisador vai a campo com uma pergunta e um instrumento de pesquisa.

Exemplos de perguntas:

- Que concepções de linguagem sustentam os manuais didáticos brasileiros de Língua Portuguesa?
- Que eventos são considerados marcantes para se construir a história da propaganda no Brasil?
- Quais são as fontes estressoras dos estudantes de ensino superior do município de Belo Horizonte?

- Quais as principais causas de evasão da escola X?
- Qual a composição da fauna do Parque Florestal Dois Irmãos em Recife (PE)?

Para fazer o inventário relacionado à primeira questão, por exemplo, o pesquisador deverá:

a) pesquisar sobre concepções de linguagem e registrar suas principais características;
b) levantar o universo de livros didáticos brasileiros de Língua Portuguesa e definir a amostra a ser analisada;
c) construir um formulário para aportar as informações coletadas;
d) investigar os livros selecionados para a amostra e organizar os dados;
e) analisar os dados e chegar ao resultado.

Quadro 12 – Exemplo de formulário de coleta de dados documentais

Identificação da obra				Identificação das atividades			
Título	Autor	Editora	Ano (publ.)	Título do texto	Autor	Proposta relacionada ao texto	Concepção(ões) de linguagem
				Atividade 1:			
				Atividade 2:			
				Atividade 3:			
				Atividade 4:			

Fonte: Elaborado pela autora.

4.9.2
Estrutura proposta para um inventário

Caso o inventário tenha sido solicitado como um trabalho acadêmico convencional, o estudante poderá apresentar o seu relatório com a estrutura básica desse tipo de texto:

▶ **Parte pré-textual**

a) **Folha de rosto;**
b) **sumário.**

▶ **Parte textual**

a) **Introdução**: o autor informa o tema a ser trabalhado e os conceitos que sustentarão a pesquisa; o inventário que será feito; a justificativa, ou seja, a relevância de se fazer esse inventário e o método a ser utilizado em sua elaboração;
b) **desenvolvimento**: o autor relaciona e descreve os dados coletados, podendo utilizar gráficos e tabelas para isso;
c) **conclusões e recomendações**: é o momento de sintetizar os resultados do inventário e fazer as considerações que julgar aplicáveis, por exemplo, a utilidade dos dados coletados, a gravidade ou não da situação, as recomendações cabíveis etc.

▶ **Parte pós-textual**

a) **Referências bibliográficas;**
b) **anexos;**
c) **apêndices.**

Por outro lado, o inventário pode ser utilizado como uma pesquisa a ser divulgada. Nesse caso, usam-se a estrutura e a formatação propostas para o artigo, conforme a ABNT NBR 6023/2018, que pode ser consultada neste artigo.

■ 4.10
MAPA CONCEITUAL

É um gênero textual que apresenta a síntese esquemática e visual de outro texto, a partir de um conceito ou ideia. É útil tanto como ferramenta de estudo de um texto (por parte do estudante), quanto como instrumento de verificação/avaliação dessa leitura (por parte do professor). Como esquema, tem a função principal de organizar ideias por meio de palavras-chave, cores, imagens, símbolos, figuras, chaves, números etc.

■ 4.10.1
Tipos de mapa conceitual

O mapa conceitual pode ser representado, principalmente, por três tipos: chaves, numeração progressiva e gráfico (ou fluxograma).

- **Mapa conceitual em chaves** – inicia-se o fluxograma com um título na lateral esquerda, vão-se abrindo chaves e agregando a ele ideias secundárias, sendo que as ideias de sentido equivalente se dispõem em uma mesma direção.

Figura 13 – Mapa conceitual em chaves

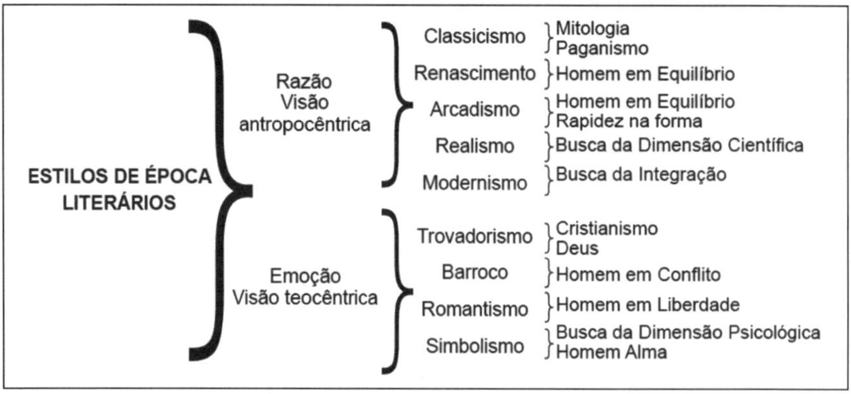

Fonte: Elaborada pela autora.

- **Mapa conceitual em numeração progressiva** – esse esquema sugere a distribuição numérica das ideias principais e secundárias, de acordo com a ordem em que aparecem no texto, sua importância e suas relações.

Figura 14 – Mapa conceitual em numeração progressiva

1 Redação acadêmico-científica
  1.1 Principais trabalhos acadêmico-científicos
  1.2 Elementos estruturais dos trabalhos científicos
    1.2.1 Elementos pré-textuais
    1.2.2 Elementos textuais
    1.2.3 Elementos pós-textuais
  1.3 Elaboração de trabalhos acadêmico-científicos
    1.3.1 Fichamento
    1.3.2 Ficha técnica
    1.3.3 Resumo

Fonte: Elaborada pela autora.

- **Mapa conceitual em gráfico ou fluxograma** – é a organização lógica esquemática e fiel à estrutura do texto, sendo possível a utilização de setas, quadros, triângulos, círculos etc.

Figura 15 – Mapa conceitual em fluxograma feito em PPT

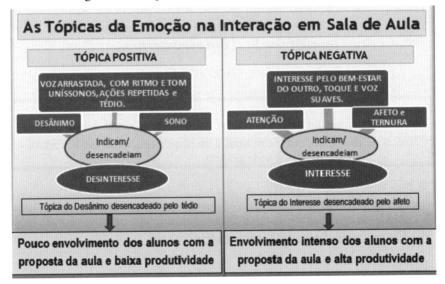

Fonte: Elaborada pela autora.

Figura 16 – Mapa conceitual em fluxograma utilizando o programa CMAP

MEIO AMBIENTE DO TRABALHO

deve ser mantido em

EQUILÍBRIO

é constituído pelo   baseado na

SALUBRIDADE   AUSÊNCIA DE AGENTES

do   que comprometam a

AMBIENTE LOCAL   INCOLUMIDADE FÍSICO-PSÍQUICA

onde o   do

TRABALHADOR

desenvolve suas

ATIVIDADES LABORAIS

sejam elas

REMUNERADAS   NÃO REMUNERADAS

Fonte: Brasileiro (2020).

> Não existe uma única forma de traçar um mapa conceitual. Existem diferentes modos de organizar e mostrar a hierarquia conceitual em um texto.

▪ 4.10.2
Estrutura do mapa conceitual

A sua estrutura se irradia a partir de uma ideia, um conceito, uma tese ou um conteúdo, sendo que a particularidade de cada texto é que define a melhor forma para o esquema. Considera-se um bom mapa conceitual aquele capaz de evidenciar a organização lógica das ideias e a relação entre elas, propiciando uma leitura objetiva, seja de textos simples, seja de textos complexos.

Atualmente, encontram-se disponíveis na internet alguns *sites* e programas que auxiliam na elaboração de esquemas mais complexos. O mais utilizado é http://cmap.ihmc.us/. Baixa-se o programa pelo *link*: https://cmap.ihmc.us/cmaptools/cmaptools-download/. Outros aplicativos, como o SchematicMind e o Mindomo (*mind mapping*), estão disponíveis para *download* em celular e oferecem recursos bastante facilitados e úteis.

■ 4.10.3
Dicas para elaboração de um mapa conceitual

a) Identifique o principal conceito e ponha-o em destaque no mapa.

b) Identifique os conceitos-chave do conteúdo ou texto estudado.

c) Selecione os conceitos por ordem de importância e vá agregando os demais de acordo com o princípio de diferenciação progressiva, dando-lhes título e subtítulos.

d) Inclua conceitos e ideias mais específicas.

e) Conecte os conceitos por linhas (ou setas) e rotule essas linhas com uma ou mais palavras que explicitem a relação entre os conceitos.

f) Escolha conceitos e palavras que tenham um significado ou expressem uma proposição.

g) Busque relações horizontais e cruzadas.

Ao final, avalie se você consegue, a partir do conceito principal, estruturar enunciados de maneira lógica e coerente.

■ 4.11
MEMORIAL

O memorial é um exercício autobiográfico que, ao mesmo tempo, apresenta a narrativa da história e a reflexão sobre ela. Deve ser escrito sob a forma de um relato histórico, analítico e crítico, que dê conta dos fatos e acontecimentos constitutivos da trajetória acadêmico-profissional de seu autor, de tal modo que o leitor possa ter uma informação completa e precisa do itinerário percorrido. Deve dar conta também de uma avaliação de todas as etapas, expressando o que cada momento significou, bem como as contribuições ou perdas que representou.

É, portanto, uma atividade discursiva da memória, por meio da (e na) qual se dá a conjunção de múltiplos processos – recordação, subjetividade e posicionamentos identitários. No processo de escrita, alimentado pelas ações do lembrar, vai se emergindo a atuação de um sujeito que reflete sobre si, sobre o seu processo de subjetividade, sobre seus saberes profissionais (SILVA, 2010).

Por outro lado, é importante também frisar os próprios posicionamentos, teóricos ou práticos, que foram sendo assumidos a cada momento. Desse ponto de vista, o memorial tem a importância de expressar a evolução, qualquer que tenha sido ela, que caracterize a história particular do autor, cobrindo as fases de sua formação.

Recordar as experiências vivenciadas no seio dos eventos das práticas discursivas da esfera acadêmica implica, em suma, da parte do produtor, um ato de reconhecimento do vivido e de reflexão sobre os objetos recordados, cuja relevância maior é uma percepção mais qualitativa do significado da vida do e pelo próprio autor.

O memorial tem sido solicitado, de modo recorrente, em concursos e provas para mestrado e doutorado, bem como nas conclusões de disciplinas desses cursos e como instrumento reflexivo nos cursos de licenciatura, como forma de levar o professor ou futuro professor a refletir, criticamente, sobre o seu processo de formação e atuação profissional, ou seja, é uma resposta a uma demanda objetiva do domínio acadêmico. Nessa circunstância, ele tem sido também utilizado como trabalho de conclusão de curso (TCC), configurando-se como uma retomada intencional e articulada dos dados do *curriculum vitae*.

■ 4.11.1
Características textuais e discursivas

O memorial é escrito em primeira pessoa, devendo sintetizar aqueles momentos menos marcantes e desenvolver aqueles mais significativos. Deve destacar também os investimentos e as experiências no âmbito da atividade profissional, avaliando sua repercussão no direcionamento da própria vida (SANTOS, 2005).

É comum encerrar o memorial indicando os rumos que se pretende assumir ou que se está assumindo no momento presente, tendo como fundo a história relatada. Nessa atividade de escrita, identifica-se um tipo de engajamento que o sujeito cria com o seu próprio dizer e/ou com o dizer do outro, com o seu saber profissional. Um gênero polifônico, em cuja escrita emergem vozes que podem se digladiar e/ou se completar, instalando discursos advindos de domínios como: ciências da linguagem, literatura, pedagógico, didático etc. apropriados pelo autor (SILVA, 2010). Deve, então, ser composto de tal modo que o leitor possa ter uma informação completa e precisa do itinerário percorrido, dando conta também de uma avaliação de cada etapa, expressando o que cada momento significou, as contribuições ou perdas que representou.

■ 4.11.2
Conteúdo de um memorial acadêmico

Você pode incluir em um memorial:

a) Um pouco da sua identidade, origem e formação básica.
b) O seu ingresso no curso de graduação e sua escolha profissional.
c) As suas reações, dificuldades e facilidades encontradas no decorrer da realização das atividades do curso.
d) As experiências pedagógicas e mudanças na prática de sala de aula que tenham relação com o curso.
e) As reações dos alunos e essas experiências e mudanças.
f) As relações do curso com a sua experiência anterior.

g) As trocas de experiências entre você e outros colegas de curso.

h) Outras ideias que você considere importantes.

O memorial também tem a função de promover e praticar a auto-avaliação. Assim, caso esteja realizando um memorial como trabalho de conclusão de um curso, devem-se ainda avaliar:

a) O seu desempenho e as dificuldades encontradas no curso.

b) Os fatos que demonstram mudanças na sua prática pedagógica.

c) O aproveitamento de aprendizagem em sua prática.

d) As ações adotadas para superar suas dificuldades.

■ 4.11.3
Estrutura e formatação do memorial

Levando-se em conta a divisão estrutural do memorial, deve-se utilizar como referência a ABNT NBR 14724/2011, que se refere à informação e documentação de trabalhos acadêmicos, procedendo às devidas adequações.

Quadro 13 – Estrutura do memorial

ELEMENTO	USO
Elementos pré-textuais	
Capa	Obrigatório
Folha de rosto	Obrigatório
Dedicatória	Opcional
Agradecimentos	Opcional
Epígrafe	Opcional
Sumário	Obrigatório
Elementos textuais	
Introdução	Obrigatório
Desenvolvimento	Obrigatório

Conclusão ou Considerações finais	Obrigatório
Elementos pós-textuais	
Referências	Obrigatório
Apêndices	Opcional

Fonte: ABNT NBR 14724 (2011).

▶ **Parte textual**

a) **Introdução**: nessa seção, o autor identifica-se e se apresenta dos pontos de vista pessoal, profissional e acadêmico. Faz-se, então, um breve relato das atividades realizadas, situando-as cronologicamente, bem como apresentando as circunstâncias de elaboração do memorial.

> **EXEMPLO**
>
> Desde 1993, quando concorri pela primeira vez a uma bolsa de iniciação científica da Fapergs, escrevo e reescrevo o *Curriculum Vitae*. Todavia, memorial descritivo, é o primeiro que elaboro. Procurei seguir as orientações de Moraes (1992) e Boaventura (1995) para a elaboração do meu memorial, o qual será apresentado à coordenação do Programa de Pós-Graduação em Informática na Educação para o processo seletivo ao Curso de Doutorado em Informática na Educação da Universidade Federal do Rio Grande do Sul.
>
> [...]
>
> Sou o quarto filho de uma família de quatro irmãos. Meu pai, hoje aposentado, era funcionário da Companhia Estadual de Energia Elétrica, e minha mãe, uma senhora digna de ser chamada *senhora do lar*. Nasci no ano de 1972 em Boqueirão do Leão, que era, na época, um dos distritos do município de Lajeado/RS (PASQUALOTTI, 2006 – Fragmentos).

Ainda na introdução, podem-se inserir algumas reflexões sobre memória e memorial.

b) **Desenvolvimento**: nessa parte do texto, devem-se informar dados sobre: a origem do acadêmico, sua formação básica e superior; suas experiências profissionais; alguns fundamentos teórico-metodológicos que sustentam sua prática; os investimentos acadêmicos atuais e os efeitos dos conhecimentos acadêmicos na prática profissional. Cada um dos itens apresentados deve ser constituído de um discurso narrativo e reflexivo, devendo ser fortalecido, quando necessário, com citações.

É dispensável o registro do título "Desenvolvimento". O autor já pode iniciar essa seção com os tópicos específicos.

EXEMPLO

2 A MEMÓRIA RECONSTITUINDO A FORMAÇÃO BÁSICA E SUPERIOR

2.1 Formação escolar básica: tempos de repetição
2.2 A formação de nível superior: um perfil de estudante trabalhador

3 CONSTRUINDO CONHECIMENTO NA PRÁTICA: MINHA TRAJETÓRIA PROFISSIONAL

3.1 Os primeiros contatos com a sala de aula
3.2 Um desafio e uma superação
3.3 Os legados que conquistei

4 GURUS E CONCEITOS: OS FUNDAMENTOS DA MINHA PRÁTICA [...]

Nesse exercício, deve-se dar um detalhamento maior aos fatos mais importantes e ser mais sucinto ao narrar os de menor relevância para a formação do acadêmico. É necessário fazer uma ligação coerente entre todos os passos da carreira, podendo o autor inserir algumas fotos e imagens que ilustrem as situações relatadas, com as respectivas legendas.

c) **Conclusão**: além de um parágrafo que possa resumir o relato vivido, o autor deve apresentar prospecções sobre sua vida acadêmica e profissional.

A extensão do memorial é variada, devendo atender às especificações definidas pelo professor orientador, curso ou concurso a que se refere.

▶ **Parte pós-textual**

As páginas pós-textuais são constituídas praticamente pelas referências bibliográficas, apêndices relacionados ao trabalho em si. Caso o autor não deseje inserir fotos no decorrer do texto, elas podem ser apresentadas como anexo ao trabalho.

Figura 17 – Aspecto visual do memorial

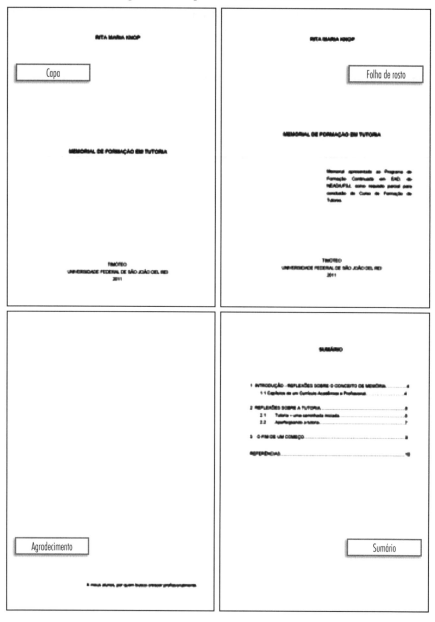

1ª página textual

Texto com citação

Referências

Fonte: Elaborada pela autora.

4.12
MONOGRAFIA

A monografia é um trabalho de pesquisa acadêmico-científica que trata de um tema restrito de modo minucioso. Os trabalhos monográficos constituem o produto de leituras, observações, investigações, reflexões e críticas desenvolvidas nos cursos de graduação e pós-graduação. Etimologicamente, o termo é formado por *"monos"* (um só) e *"graphien"* (escrita), ou seja, escrita sobre um determinado assunto, cuja estrutura é normatizada pela ABNT NBR 14724, de 2011.

Marconi e Lakatos (2001, p. 152) descrevem suas características:

a) trabalho escrito, sistemático e completo;
b) tema específico ou particular de uma ciência ou parte dela;
c) estudo pormenorizado e exaustivo, abordando vários aspectos e ângulos do caso;
d) tratamento extenso em profundidade;
e) registro da metodologia científica construída/adotada;
f) contribuição importante, original e pessoal para a ciência.

A monografia pode ser produzida no decorrer do curso (monografia de graduação), conforme o grau de amadurecimento intelectual do aluno; como trabalho de conclusão de curso (TCC) em graduações e pós-graduações; como trabalho de graduação interdisciplinar (TGI); ou trabalho de conclusão de cursos de especialização ou aperfeiçoamento. Trata-se de um trabalho que demanda orientação de um representante da área, o qual terá condições de realizar leituras críticas, sugerir metodologias e leituras fundamentais.

4.12.1
Tipos de monografias

A monografia pode ser classificada em dois tipos, segundo a modalidade de pesquisa realizada:

- **Monografia de revisão** – caracteriza-se pela realização de uma pesquisa bibliográfica direcionada para um objetivo predeterminado. As monografias de revisão podem:
  - Determinar o "estado da arte" – procura mostrar através da literatura já publicada o que já se sabe sobre o tema, quais as lacunas e os principais entraves teóricos ou metodológicos.
  - Fazer revisão teórica – o problema de pesquisa é inserido em um quadro de referência teórica para explicá-lo. Geralmente, acontece quando o problema em estudo é gerado ou explicado por uma ou várias teorias.
  - Fazer revisão empírica – procura explicar como o problema vem sendo pesquisado do ponto de vista metodológico, procurando responder: quais os procedimentos normalmente empregados no estudo desse problema? Que fatores vêm afetando os resultados? Que propostas têm sido feitas para explicá-los ou controlá-los? Que procedimentos vêm sendo empregados para analisar os resultados? Há relatos de manutenção e generalização dos resultados obtidos? Do que elas dependem? Ou seja, o escopo da investigação são questões de aplicação metodológica.
  - Realizar uma revisão histórica – busca recuperar a evolução cronológica de um conceito, tema, abordagem ou outros aspectos, fazendo a inserção dessa evolução dentro de um quadro teórico de referência que explique os fatores determinantes e as implicações das mudanças com o passar do tempo.
- **Monografia original** – caracteriza-se pela realização de uma pesquisa que busca responder a uma pergunta (ou problema de pesquisa). Para tanto, o autor parte de uma pesquisa bibliográfica, associada à coleta e à análise de dados, como, por exemplo, um estudo de caso.

Para um e outro tipo, as instituições acadêmicas possuem normas que podem variar em aspectos relacionados tanto à metodologia quanto à estrutura do texto.

4.12.2
Estrutura de uma monografia

Em uma monografia, são necessárias todas as partes de um trabalho científico denso, apresentadas na ABNT NBR 14724 (2011), ou seja, todos os elementos pré-textuais, textuais e pós-textuais. Quanto à extensão, embora as instituições comumente estabeleçam um número de páginas entre 30 e 60, essa informação não é objeto da norma.

É importante lembrar que os elementos textuais de uma monografia (introdução, desenvolvimento e conclusão) podem receber denominações diferentes, conforme a área de conhecimento.

Quadro 14 – Estrutura da monografia

PARTE	ELEMENTOS		USO
Externa	Capa		Obrigatório
	Lombada		Opcional
Interna	Pré-textuais	Folha de rosto	Obrigatório
		Errata	Opcional
		Folha de aprovação	Obrigatório
		Dedicatória	Opcional
		Agradecimentos	Opcional
		Epígrafe	Opcional
		Resumo na língua vernácula	Obrigatório
		Resumo em língua estrangeira	Obrigatório
		Lista de ilustrações	Opcional
		Lista de tabelas	Opcional
		Lista de abreviaturas e siglas	Opcional
		Lista de símbolos	Opcional
		Sumário	Obrigatório
	Textuais	Introdução	Obrigatório
		Desenvolvimento	Obrigatório
		Considerações finais	Obrigatório
	Pós-textuais	Referências	Obrigatório
		Glossário	Opcional
		Apêndice	Opcional
		Anexo	Opcional
		Índice	Opcional

Fonte: ABNT NBR 14724 (2011).

Figura 18 – Enumeração das páginas da monografia

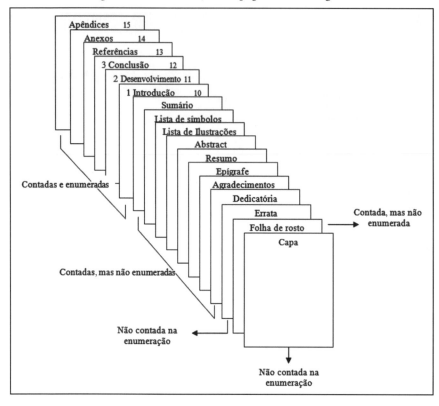

Fonte: ABNT NBR 14724 (2011).

■ 4.12.2.1
ORGANIZAÇÃO TEXTUAL DA MONOGRAFIA

A parte textual de uma produção monográfica é composta pela introdução, pelo desenvolvimento e pela conclusão. Esses elementos são divididos em seções, que sofrem variações, dependendo das normas institucionais e do tipo de monografia que está sendo elaborada.

A divisão mais habitual da monografia original é:

a) **Introdução**: o autor contextualiza o leitor sobre os direcionamentos da pesquisa, informando-o sobre o tema, a delimitação, a justificativa, os objetivos, a hipótese (se houver) e um anúncio sobre o modo de organização do texto.

b) **Desenvolvimento**: é a parte do texto na qual o leitor procura encontrar informações de ordem bibliográfica, metodológica e empírica, caso seja o objetivo do autor trabalhar com dados. Divide-se, normalmente, em duas ou três seções. A monografia original é seccionada em referencial teórico, metodologia, apresentação e análise de dados; e a monografia de revisão tem seu desenvolvimento dedicado ao referencial teórico e à discussão desse referencial, tendo em vista o objetivo pretendido no estudo.

- ■ O referencial teórico
  É a seção na qual o autor fundamenta o seu trabalho com as principais concepções que sustentam a discussão dos dados. É o momento do diálogo teórico. É importante contemplar todos os aspectos conceituais, procedimentais e legais que posteriormente poderão amparar a discussão sobre o tema. Nesse espaço, todas as categorias de futuras análises deverão ser conceituadas.

- ■ Procedimentos metodológicos
  É o espaço para o pesquisador falar sobre a cientificidade do seu trabalho, caracterizando a pesquisa e informando os passos percorridos para a sua realização. Caso a proposta da monografia seja de revisão, essa seção fica dispensada, sendo que as escolhas metodológicas serão informadas no capítulo de introdução. Para elaboração dessa seção, consulte o capítulo "Dimensão metodológica do texto científico" deste livro.

- ■ Apresentação e análise de dados
  Nesse momento, o autor apresenta as informações coletadas na pesquisa original, constrói suas interpretações sobre elas e tenta cruzá-las com as teorias estudadas.

c) **Considerações finais**: o autor procura trazer à tona a síntese da resposta para a pergunta inicial, bem como a avaliação dos objetivos, da hipótese e das justificativas que motivaram o trabalho. É o momento, também, das recomendações e das prospecções da pesquisa, deixando claras as contribuições que o trabalho pôde trazer.

É relevante destacar que, respeitado o teor de cada seção do texto, os autores têm liberdade para alterar os títulos das seções do seu trabalho. O capítulo destinado aos procedimentos metodológicos, por exemplo, pode ser denominado "Materiais e métodos", "Metodologia científica", "Percurso metodológico", entre outros. Outro exemplo é o da monografia cujo objetivo seja realizar um estudo de caso. Nela, a seção de "Apresentação e análise dos dados" pode ser denominada "Estudo do Caso X". Essas denominações devem ser submetidas à apreciação do orientador.

■ 4.13
PAPER

Paper é uma expressão emprestada da língua inglesa que significa papel e que, no mundo acadêmico, com certa divergência entre os pesquisadores, ganhou a acepção de relato de pesquisa semelhante ao artigo científico, motivo pelo qual, muitas vezes, um é tomado pelo outro. Sua elaboração consiste na discussão e divulgação de ideias, fatos, situações, métodos, técnicas, processos ou resultados de pesquisas bibliográficas ou empíricas, relacionadas a assuntos pertinentes a uma área de estudo. O *paper* pode envolver fórmulas, gráficos, citações e pés de página, anexos, adendos e referências.

Isso se deve, principalmente, pelo fato de o *paper* não ser um gênero normalizado pela ABNT, levando os autores a utilizarem os padrões propostos para o artigo (ABNT NBR 6022, 2018) como referência para sua elaboração. O *paper* é uma síntese de pesquisas bibliográficas ou empíricas, por isso também é considerado um pequeno artigo científico. Está sujeito às mesmas regras metodológicas que os demais relatos científicos e pode ser apresentado como comunicação em eventos científicos.

Baseando-se em algumas leituras sobre o tema, Medeiros (2008) diz que o objetivo principal ao se elaborar um *paper* é a publicação da matéria, seja nos anais do evento, seja em periódicos científicos. Para isso, ele deve preservar a originalidade, a precisão, a fidelidade às fontes e a objetividade, características técnicas de textos desse domínio discursivo. Preservando essas peculiaridades e a estrutura de relato de pesquisa, o *paper* será considerado um texto científico.

■ 4.13.1
Estrutura do *paper*

Trata-se de um texto com, em média, 10 páginas, comportando os elementos pré-textuais, textuais e pós-textuais a seguir descritos. Ele deverá ser adaptado às regras específicas do evento ou periódico científico ao qual for submetido.

► **Parte pré-textual**

a) O título do artigo, no alto da página, centralizado, negrito, caixa-alta, fonte 12.

b) Título do artigo em língua estrangeira.

c) O(s) nome(s) do(s) autor(es) alinhado(s) à direita, iniciais maiúsculas, fonte 10.

d) Nota de rodapé, indicando formação, instituição à qual o autor está vinculado e endereço eletrônico, fonte 10 e entrelinha 1.

e) Palavra RESUMO em negrito, fonte 12, centralizada e em letras maiúsculas, seguida do texto correspondente ao resumo homotópico na língua do texto, entre 100 e 250 palavras, fonte 12 e entrelinha 1.

f) Palavras-chave na língua do texto, máximo de cinco palavras ou expressões iniciadas por letra maiúscula, separadas e finalizadas por ponto-final.

g) Resumo e palavras-chave em língua estrangeira.

h) Datas de submissão e aprovação do texto para publicação.

i) Informações sobre a disponibilidade do texto, podendo ser fornecidos dados como suporte, endereço eletrônico, DOI ou outros relativos ao acesso ao *paper*.

▶ **Parte textual**

Os elementos textuais serão escritos em fonte 12 e espaço 1,5:

a) **Introdução**: formulação do tema e da problemática a ser abordada, apresentação da justificativa da pesquisa, dos objetivos, da metodologia, da delimitação do problema e da abordagem teórica;

b) **Desenvolvimento**: é a apresentação das informações teóricas ou empíricas pesquisadas, incluindo reflexão e análise sobre os compromissos firmados na introdução, bem como fundamentação lógica e teórica das ideias apresentadas;

c) **Considerações finais**: inclui avaliação do que se disse na introdução, resposta para o problema levantado e prospecções do cenário e recomendações.

▶ **Parte pós-textual**

a) **Referências**: apresentadas em ordem alfabética, conforme a ABNT NBR 6023/2018.

b) **Apêndices**: textos de autoria própria que o autor julgue de relevância para o conhecimento do leitor.

c) **Anexos**: textos de autoria de terceiros que o autor julgue de relevância para o conhecimento do leitor.

d) **Outras formatações**: os títulos têm fonte 12, negrito, caixa-alta e separados do texto antes e depois por um espaço duplo; as referências têm espaço na entrelinha 1, fonte 12 e um espaço simples entre uma referência e outra, conforme a ABNT NBR 6023/2018; as citações curtas ficam no corpo do texto, entre aspas, e as longas são recuadas 4 cm, com fonte tamanho 10, entrelinha 1 e fonte completa (AUTOR, ano, p.). As ilustrações são identificadas na parte superior com o tipo de ilustração, número e nome e, na parte inferior, pela fonte (AUTOR, ano, p.).

4.13.2
Exemplo de *paper*

Figura 19 – Aspecto visual de um paper

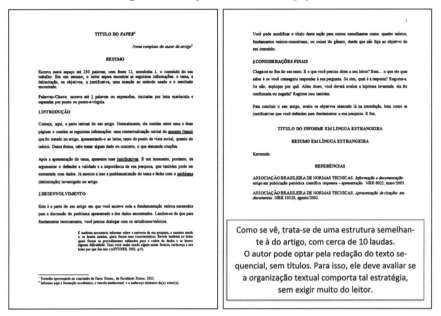

Fonte: ABNT NBR 6022 (2018).

4.14
PLANO DE PESQUISA

É um texto que compõe a fase de planejamento de um trabalho de pesquisa, normalmente apresentado pelas instituições em formato pré-estruturado, e que serve para informar ao professor ou à instituição à qual se vincula a pesquisa as intenções primeiras de um trabalho de conclusão de curso. Atualmente, tem sido muito utilizado em cursos oferecidos a distância, configurando-se em estrutura enxuta e linguagem objetiva, adequadas à modalidade de ensino não presencial.

■ 4.14.1
Estrutura do plano de pesquisa

Sendo apresentado em estrutura de formulário, o plano de pesquisa contém todas as partes apresentadas no projeto de pesquisa convencional, sem, contudo, se alongar no texto. As informações são breves e, comumente, apresentadas em tópicos.

▶ **Parte pré-textual**

Nela, identificam-se o trabalho e a autoria, informando instituição, curso, ano, autor, título provisório e área em que se inscreve a pesquisa.

IDENTIFICAÇÃO DO TRABALHO E DA AUTORIA
Instituição
Curso/ano
Autor
Título provisório do trabalho
Área da pesquisa

▶ **Parte textual**

No corpo do plano, informam-se de modo sucinto:

a) **Tema**: registra-se o assunto a que se refere com breve contextualização.

b) **Delimitação do tema/problema**: apenas a frase interrogativa ou afirmativa que sintetiza a pesquisa.

c) **Justificativa**: em tópicos, o pesquisador enumera os motivos que justifiquem a relevância, o interesse e a necessidade da pesquisa proposta. Esses motivos podem ser pessoais, profissionais, acadêmicos, científicos ou sociais.

d) **Objetivos**: também em tópicos, devem ser registrados o objetivo geral e os específicos, com frases iniciadas com verbos no infinitivo.

e) **Hipótese**: caso a pesquisa comporte hipótese, esse é o espaço para redigir um parágrafo dissertativo, como provável resposta à pergunta lançada na pesquisa.

f) **Metodologia**: também em tópicos, o pesquisador caracteriza sua pesquisa (quanto aos fins, meios e abordagem) e aponta os procedimentos metodológicos que serão seguidos no percurso (universo, amostra, sujeitos, instrumentos e modo de tratamento dos dados).

Quando a instituição já possuir o cronograma do trabalho, ele deve ser inserido após a metodologia.

▶ **Parte pós-textual**

São as referências bibliográficas, seguindo as normas da ABNT NBR 6023 (2018).

Quadro 15 – Aspecto visual do plano de pesquisa

IDENTIFICAÇÃO DO TRABALHO E DA AUTORIA
Instituição
Curso/ano
Autor
Título provisório do trabalho
Área da pesquisa
DADOS SOBRE A PESQUISA
Tema – O assunto pertence a que área do curso e está inserido em que contexto prático e teórico?
Delimitação/problema – Apresente a pergunta a que pretende responder.

Justificativa – Por que você deseja estudar esse problema? Qual a importância pessoal, social, profissional, acadêmica e científica da sua pesquisa?

Objetivos – Pense no resultado pretendido com a pesquisa e apresente em uma frase o objetivo que pretende alcançar. Essa frase deve iniciar com verbo no infinitivo, ser ajustada à delimitação e representar o objetivo geral.
Depois, pense no percurso da pesquisa e outros benefícios específicos que poderão ser alcançados. Redija-os.

Geral

Específicos

Hipótese – Pense em uma possível resposta para o problema em estudo. Redija-o.

Referencial teórico – Pense em três temas/conceitos que serão discutidos em seu trabalho. Registre-os.

Metodologia – Pense nas características da sua pesquisa e nos procedimentos que poderá adotar para alcançar os resultados pretendidos. Leia a respeito no capítulo "Dimensão metodológica do texto científico" deste livro.

Cronograma – Pense no percurso a ser vivenciado, nas etapas do trabalho e no tempo de que dispõe. Registre aqui as principais datas.

Referências – Registre, no mínimo, três livros/autores que poderão subsidiar o seu estudo. Faça uma breve busca eletrônica sobre o tema.

Fonte: Elaborado pela autora.

4.15
PORTFÓLIO

Registra o percurso de uma carreira. Trata-se de uma coleção dos trabalhos do aluno que conta a história, de maneira reflexiva, dos seus esforços, progressos ou desempenho em uma determinada área.

Portfólios são ricos documentos personalizados e contextualizados do percurso de aprendizagem. Eles representam ligações estabelecidas entre ações e crenças, pensamento e ação, provas e critérios. São um meio de reflexão que possibilita a construção de sentido, torna o processo de aprendizagem transparente e a aprendizagem visível (JONES; SHELTON, 2006).

Embora, no meio acadêmico, seja uma adoção relativamente recente, seu uso em áreas como publicidade, fotografia, artes, *marketing* pessoal e finanças já vem de longa data. Na área educacional, foi adotado, inicialmente, na educação infantil, como forma de acompanhamento, avaliação e intervenção nos processos de aprendizagem. Esses mesmos objetivos foram transpostos ao ensino superior, onde, cada vez mais, trabalhos dessa natureza vêm sendo solicitados pelos professores. Normalmente, são demandados no início de uma disciplina, de uma nova etapa de trabalho ou de um projeto.

Nesse âmbito, o portfólio é considerado uma estratégia de apoio na construção do conhecimento, apontando, para os alunos e os professores, os aspectos de êxito e os merecedores de investimento. Tem sido, em virtude disso, adotado como procedimento de avaliação formativa, por alguns docentes e instituições. Apresenta-se como documento personalizado do percurso de aprendizagem, cuja documentação é organizada com objetivo claramente definido e prazo determinado.

■ 4.15.1
Características do portfólio

Em suas múltiplas dimensões e características, destaca-se o seu papel formador na construção de conhecimentos, possibilitando o desenvolvimento pessoal e profissional dos participantes, uma vez que eles terão oportunidade de compreender não apenas o conteúdo específico de um módulo, mas também de analisar os processos de ensino-aprendizagem nele envolvidos. Dentre suas características mais evidentes, é possível destacar:

a) A documentação, de maneira única, de um percurso de construção do conhecimento vivenciado em grupo.

b) A criação do hábito de refletir criticamente sobre os processos educacionais vividos.

c) O estímulo ao enriquecimento conceitual.

d) A necessidade de se fundamentar teórico-metodologicamente os processos vivenciados na sala de aula, seja como aluno, seja como professor.

e) O retorno ao professor acerca do trabalho realizado, possibilitando-lhe, durante o percurso ou ao final dele, proceder a alterações em suas estratégias didáticas.

f) O estímulo à originalidade e à criatividade tanto na elaboração personalizada do portfólio, quanto no dinamismo da atividade profissional docente.

g) O exercício da autoavaliação e da avaliação do outro.

h) A transparência no processo de aprendizagem.

i) O exercício da redação de relatórios.

Falando com o professor

O trabalho com portfólios no meio acadêmico pode ser uma oportunidade para seu crescimento profissional, pois os *feedback*s recebidos dos alunos poderão servir de insumos para sua autoavaliação e seu aperfeiçoamento.

Para que os retornos dados pelos alunos sejam realmente valiosos para você, eles têm de sentir confiança em relação à abertura dada e perceber que a honestidade que imprimirá nos relatos não deflagrará avaliações negativas, por parte do professor, para seu trabalho.

Outro aspecto a que se deverá atentar é a natural dificuldade que os alunos têm para redigir relatórios de cunho reflexivo. Para sanar essa dificuldade, você deverá estimulá-los cotidianamente, alertando-os para os ganhos que terão com o exercício e, às vezes, solicitar que algum aluno leia parte do seu relato. Isso inspira e estimula os demais.

■ 4.15.2
Condução do portfólio

Sem ter o intuito de passar receitas prontas, deixo a seguir algumas dicas para a condução de um portfólio, baseadas em minhas vivências em sala de aula, e acreditando na força das trocas de experiências docentes.

a) No início do trabalho, esclareça para os alunos todos os aspectos do projeto, da disciplina ou do módulo que será acompanhado por meio do portfólio.

b) Explique aos alunos o que é um portfólio, seus objetivos e os objetivos específicos com o trabalho que está sendo iniciado.

c) Forneça-lhes, caso ache necessário, um roteiro de observação e explique-lhes que os registros deverão ser feitos, diariamente, ao final de cada aula, o que irá proporcionar maior fidelidade às percepções do evento.

d) Estabeleça um cronograma e esclareça os critérios de avaliação.

e) Peça-lhes, eventual e aleatoriamente, no decorrer do processo vivido, a leitura de algum dos relatos, isso irá estimular os alunos com mais dificuldade.

f) Questione, também no decorrer do processo, se está havendo alguma dificuldade. Não deixe para fazer isso apenas no final.

g) Promova uma aula mais informal no dia da entrega, proporcionando trocas de portfólios entre colegas e leituras de alguns relatos.

h) Peça uma avaliação oral do trabalho e faça também a sua.

■ 4.15.3
Estrutura do portfólio

Seguindo os parâmetros de apresentação de um trabalho acadêmico, fornecidos pela ABNT NBR 14724 (2011), o portfólio pode ser apresentado com os elementos a seguir.

▶ **Parte pré-textual**

a) **Capa.**
b) **Folha de rosto.**
c) **Dedicatória (opcional).**
d) **Agradecimento (opcional).**
e) **Sumário.**

▶ **Parte textual**

a) **Introdução**: informe os objetivos do portfólio, as circunstâncias em que ele foi elaborado/solicitado (assunto tratado, disciplina, professor, instituição), o período de elaboração e o conteúdo que o leitor nele encontrará.

b) **Desenvolvimento**: deixe nesse espaço todos os relatos cotidianos do processo de ensino-aprendizagem. Insira o material fornecido ou indicado pelo professor, bem como o produzido por você em sala de aula. Pode-se completar com ilustrações, fotos, o que houver sido registrado no decorrer das aulas. É imprescindível que, em cada relato, seja possível identificar o resumo do evento e suas percepções sinceras sobre ele. O que foi abordado na aula? O que foi e o que não foi compreendido? Que dificuldades houve? A metodologia utilizada foi adequada ou estimulante? Em que se aplica o conteúdo estudado?

c) **Conclusão**: faça uma avaliação do percurso e do produto final. Avalie os objetivos propostos para o processo de ensino-aprendizagem, os aspectos positivos verificados nas estratégias didáticas adotadas pelo professor, no material teórico, no seu desempenho particular e no da turma, assim como os aspectos que devem ser melhorados.

▶ **Parte pós-textual**

a) **Referências**.
b) **Anexos**.
c) **Apêndices**.

Cabe lembrar que um portfólio bem documentado e organizado servirá ao graduando, posteriormente, como rico instrumento de consulta para sua prática profissional. E é bom que se frise ainda que a linguagem utilizada deve dar conta de sintetizar o evento vivido e refletir sobre ele, como no fragmento a seguir:

> **EXEMPLO**
>
> As atividades, tanto a individual quanto a em equipe, tiveram o mérito de associar a teoria das concepções de linguagem à prática das diversas situações comunicativas por que passam os sujeitos falantes. Nos exercícios propostos, fomos provocados a refletir sobre o próprio desenvolvimento linguístico, ancorados em uma concepção enunciativo-discursiva, que considera o discurso uma prática social e uma forma de interação. Considerei que foi uma valiosa oportunidade de aprendizagem.

■ 4.15.4
Modelo de roteiro para portfólio

Figura 20 – Modelo de roteiro para portfólio

FACULDADE:
CURSO:
DISCIPLINA:
OBJETO DE OBSERVAÇÃO:
PROFESSOR(A):
PERÍODO DE OBSERVAÇÃO: de ___/___/___ a ___/___/___
GRADUANDO/AUTOR:
DATA DE OBSERVAÇÃO: ___/___/___
Tema amplo da aula (comentar sobre o assunto abordado):

Tópicos específicos trabalhados (listar os conteúdos tópico a tópico):
-
-
-

Estratégias didáticas (fale sobre como o professor conduziu a aula e sobre os processos de construção do conhecimento):
-
-
-

Minhas percepções sobre a aula (discorra sobre como percebeu a aula, o conteúdo abordado, as dificuldades e facilidades que teve, o que você aprendeu, como aplicaria; comente, também, sobre o método usado pelo professor na aula).

Material utilizado e produzido (os seus registros e o que produziu com a aula ficarão no apêndices e nos anexos do portfólio).

Fonte: Elaborado pela autora.

■ 4.16
PÔSTER

A ABNT NBR 15437 (2006 – confirmada em 2015) estabelece os princípios gerais para apresentação e documentação de pôsteres técnicos e científicos. Segundo a referida norma, um pôster é um instrumento de comunicação exibido em diversos suportes que sintetiza e divulga o conteúdo a ser apresentado. Destina-se à apresentação de relatos de pesquisa por meio de exposição em formato predominantemente gráfico.

■ 4.16.1
Tipos de pôsteres

- **Pôster técnico** – utilizado para divulgação de produtos, serviços, projetos técnicos e pesquisas desvinculadas dos preceitos científicos. É normalmente apresentado em feiras, *workshops*, convenções, painéis etc.
- **Pôster científico** – utilizado como recurso de comunicação científica, cujos autores devem ter vínculo com instituição de pesquisa ou de ensino superior. Normalmente, é apresentado em eventos como congressos, seminários, simpósios etc.

Considerando os objetivos deste livro, serão esclarecidos os aspectos técnicos do pôster científico.

■ 4.16.2
Estrutura do pôster científico

O pôster científico geralmente segue o planejamento de uma publicação: deve-se utilizar o espaço do trabalho para atrair a atenção do público para sua discussão, que deverá ser breve e consistente, informando sobre o tema, os objetivos, o método e a resolução do problema. Evite se deter em detalhes complexos do trabalho. Eles serão expostos a partir das perguntas dos espectadores.

▶ **Parte pré-textual**

a) **Título e subtítulo (se houver)**: devem constar na parte superior do pôster; o subtítulo deve ser tipograficamente diferente ou separado por dois-pontos (:).

b) **Autor(es)**: nome(s) completo(s) do(s) autor(es) deve(m) aparecer logo abaixo do título. Pode ser alinhado à direita.

c) **Informações complementares no rodapé do pôster**: titulação, nome da instituição de origem, cidade, estado, país, endereço eletrônico etc.

d) **Resumo na língua do texto**: deve apresentar de forma concisa os objetivos, a metodologia e os resultados alcançados, não ultrapassando 100 palavras.

e) **Palavras-chave na língua do texto**: palavras ou termos retirados do texto para representar o seu conteúdo devem figurar abaixo do resumo, antecedidas do termo "Palavras-chave:" separadas entre si por ponto e finalizadas também por ponto.

▶ **Parte textual**

• **Conteúdo**: introdução (delimitação do tema, justificativa, objetivo), base teórica, metodologia, apresentação e discussão dos dados, considerações finais.

São as ideias centrais em forma de texto, ilustrações ou tabelas, evitando-se o uso de citações diretas e notas de rodapé.

▶ **Parte pós-textual**

• **Referências**.

■ 4.16.3
Apresentação do pôster e orientações gerais

a) **Suporte**: pode ser apresentado impresso (papel, lona, plástico, acrílico, outros) ou em meio eletrônico.

b) **Dimensões**: largura – 0,60 m até 0,90 m; altura – 0,90 m até 1,20 m.
c) **Conteúdo**: cerca de 300 palavras, podendo ser redigido em colunas ou em linhas.
d) **Formatação**: conforme Quadro 16.

Quadro 16 - Partes e especificações do pôster

Parte do texto	Especificações
Título do trabalho	Centralizado, negrito, caixa-alta – fonte próxima a 70.
Nome do aluno e do orientador	Iniciais maiúsculas, alinhados à direita – fonte próxima a 40.
Títulos: resumo, introdução, metodologia, apresentação e discussão dos dados, considerações finais e referências	Caixa-alta, negrito, alinhados à esquerda – fonte entre 40 e 60.
O corpo do texto	Fonte entre 40 e 50, entrelinha 1,5.
Referências	Entrelinha 1, fonte próxima a 30, conforme ABNT NBR 6023/2018.

Fonte: ABNT NBR 15437 (2015).

O instrumento de comunicação pôster deve ser dinâmico e visual, e seu projeto gráfico é de responsabilidade do autor. Desse modo, é interesse do autor que o seu trabalho desperte a atenção do público. Para tanto, deve organizar as ideias de forma que sejam facilmente entendidas e utilizar todos os recursos disponíveis. Atente-se para os seguintes aspectos:

a) O pôster deve ser legível a uma distância de pelo menos 1 m.
b) Toda ilustração deve ser indicada no corpo do texto, numerada e identificada conforme a ABNT.
c) Leia as instruções do evento ou situação em que o pôster deverá ser apresentado: conteúdo, tamanho, local, fixação, horário, retirada… Isso evitará surpresas desagradáveis.

d) Confeccione um gancho e um cordão para pendurar o pôster.

e) Permaneça junto ao pôster durante o tempo determinado para apresentação, a fim de responder às questões dos interessados.

f) Providencie um suporte para colocar os resumos do trabalho, caso queira distribuí-los ao público.

g) Utilize figuras, símbolos e cores. As legendas das figuras são essenciais, porém devem ser curtas e informativas. Cada gráfico deve ter um título curto. Para garantir melhor apelo visual, recomenda-se que os gráficos sejam maiores do que 12 cm ×18 cm.

ELABORANDO UM PÔSTER NO *POWER POINT* OU *COREL DRAW*

1. Escolha apresentação em branco.
2. Siga as instruções para o tamanho do pôster: arquivo > configurar página > personalizado (90 cm × 120 cm, por exemplo).
3. Insira uma caixa de texto para o título e outra para os autores.
4. Insira a marca da instituição.
5. Escolha o tipo de fonte: Arial, Verdana etc.
6. Escolha a opção do *layout* do pôster: colunas, linhas.
7. Use ícones na barra de ferramentas inferior: cores de linhas, cores de preenchimento, cores das fontes etc., para ajustar as ilustrações.
8. Escolha um *design* e os "efeitos de preenchimento" que melhor se adequarem a seu trabalho.
9. Verifique a distribuição geral das informações na página.
10. Teste a impressão!

■ 4.16.4
Exemplo de pôster

Figura 21 – Aspecto visual de um pôster

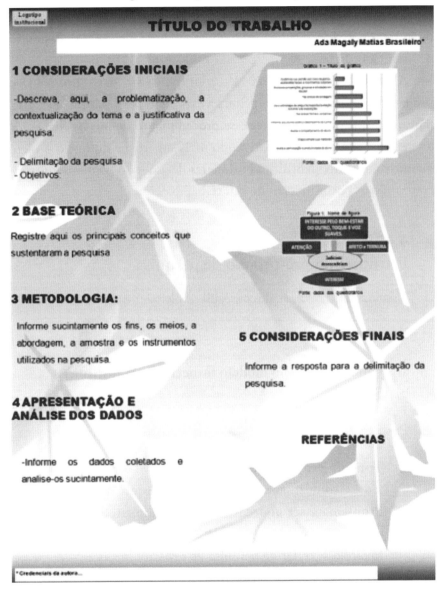

Fonte: Elaborada pela autora.

■ 4.17
PRÉ-PROJETO DE PESQUISA

Na etapa de planejamento da pesquisa, algumas instituições adotam a fase do pré-projeto, cujos objetivos são: auxiliar o pesquisador na organização de suas ideias e fornecer dados à instituição para a definição de orientadores.

A ABNT NBR 15287 (2011 – confirmada em 2019) normaliza o projeto de pesquisa e não menciona a expressão *pré-projeto*. Cabe, portanto, à instituição que adotar esse procedimento definir os elementos a serem nele apresentados. De modo mais superficial do que o projeto definitivo, o texto identifica as primeiras decisões do pesquisador, concretizando os passos iniciais do seu trabalho.

■ 4.17.1
Estrutura do pré-projeto de pesquisa

Usualmente, são solicitados os seguintes elementos em um pré-projeto:

▶ **Parte pré-textual**

a) **Folha de rosto no modelo fornecido pela instituição.**
b) **Sumário.**

▶ **Parte textual**

a) **Tema do projeto**: é um texto dissertativo-expositivo que apresente e contextualize o assunto a ser pesquisado.
b) **Problema a ser abordado**: é sintetizado em uma frase interrogativa (quando se tratar de pesquisa original) ou afirmativa (quando se tratar de pesquisa de revisão).
c) **Objetivos geral e específicos a serem atingidos**: devem ser registrados usando frases curtas, objetivas, claras e iniciadas por verbos no infinitivo, como: verificar, averiguar, descrever, explicar etc.

d) **Justificativas para a realização da pesquisa**: apresentadas em um texto dissertativo-argumentativo, que demonstre os motivos pessoais, profissionais, acadêmicos, sociais e científicos que justifiquem a realização da pesquisa. É o momento da defesa da validade da pesquisa a ser empreendida.

▶ **Parte pós-textual**

a) **Referências**: elemento obrigatório; elaboradas conforme a ABNT NBR 6023/2018.

b) **Anexos**: inseri-los, se houver algum documento que reforce a argumentação em favor da pesquisa.

■ 4.18
PROJETO DE PESQUISA

O projeto de pesquisa compreende a fase construtiva da pesquisa, sendo definido pela ABNT NBR 15287 (2011) com a descrição da sua estrutura. Toda pesquisa, em nível de iniciação científica ou de *stricto sensu*, passa por essa fase de planejamento.

Nessa produção, o autor deve se esforçar para esclarecer à comunidade acadêmica e aos leitores, em geral, as informações inerentes à sua proposta de pesquisa. Talvez seja esta a fase em que o pesquisador encontrará maior grau de dificuldade, pois terá de tomar decisões e relatar alguns dados sobre um tema com o qual, *a priori*, ele não tem muita intimidade.

■ 4.18.1
Estrutura do projeto de pesquisa

A macroestrutura textual do projeto é dividida em duas partes: a externa e a interna.

▶ **Parte externa**

a) **Capa** (elemento opcional): nome da entidade para a qual deve ser submetido, quando solicitado; nome(s) do(s) autor(es); título; subtítulo: se houver, deve ser precedido de dois-pontos (:), evidenciando a sua subordinação ao título; número do volume: se houver mais de um, deve constar em cada capa a especificação do respectivo volume; local (cidade) da entidade onde deve ser apresentado; ano de depósito (da entrega).
Observação: no caso de cidades homônimas, recomenda-se o acréscimo da sigla da unidade da federação.

b) **Lombada** (elemento opcional): elaborada conforme a ABNT NBR 12225 (2004 – confirmada em 2019). Esse elemento é recomendado para projetos de largo fôlego, normalmente aqueles já em fase de qualificação de pós-graduação *stricto sensu*.

▶ **Parte interna**

• *Elementos pré-textuais*:

a) **Folha de rosto** (elemento obrigatório): nome do autor; título; subtítulo, se houver; número do volume (se houver mais de um, deve constar em cada folha de rosto a especificação do respectivo volume); tipo de projeto de pesquisa e nome da entidade a que deve ser submetido; nome do orientador, coorientador ou coordenador, se houver; local (cidade) da instituição onde deve ser apresentado; e ano de depósito (entrega) do trabalho final.
Observação: se exigido pela instituição, apresentar os dados curriculares do autor em folha ou página distinta após a folha de rosto.

b) **Lista de ilustrações** (elemento opcional): elaborada de acordo com a ordem apresentada no texto, com cada item designado por seu nome específico, travessão, título e respectivo número da folha ou página. Quando necessário, recomenda-se a elaboração de lista própria para cada tipo de ilustração (desenhos, esquemas, gráficos, fluxogramas, fotografias, mapas, organogramas, plantas, retratos, quadros e outras).

> **EXEMPLO**
>
> Quadro 1 – Valores aceitáveis de erro técnico de medição relativo para antropometristas iniciantes e experientes no Estado de São Paulo..5

c) **Lista de tabelas** (elemento opcional): elaborada de acordo com a ordem apresentada no texto, com cada item designado por seu nome específico, acompanhado do respectivo número da folha ou página.

> **EXEMPLO**
>
> Tabela 1 – Perfil socioeconômico da população entrevistada, no período de julho de 2009 a abril de 2010..9

d) **Lista de abreviaturas e siglas** (elemento opcional): consiste na relação alfabética das abreviaturas e siglas utilizadas no texto, seguidas das palavras ou expressões correspondentes grafadas por extenso. Recomenda-se a elaboração de lista própria para cada tipo.

> **EXEMPLO**
>
> ABNT – Associação Brasileira de Normas Técnicas
> Fil. – Filosofia
> IBGE – Instituto Brasileiro de Geografia e Estatística
> INMETRO – Instituto Nacional de Metrologia, Normalização e Qualidade Industrial

e) **Lista de símbolos** (elemento opcional): elaborada de acordo com a ordem apresentada no texto, com o devido significado.

> EXEMPLO
>
> d_{ab} – Distância euclidiana
> $O(n)$ – Ordem de um algoritmo

f) **Sumário** (elemento obrigatório): elaborado conforme a ABNT NBR 6027.

- *Elementos textuais*

O texto deve ser constituído de:

a) **Introdução**: nessa seção, devem ser apresentados os seguintes subtópicos:

   1. **O tema do projeto** – normalmente, trata-se de um texto dissertativo-expositivo sobre o assunto a ser desenvolvido. Seu objetivo é esclarecer, conceituar e contextualizar o leitor no tema em foco. O texto deve ter uma estrutura afunilada, partindo do tema mais amplo para o mais específico, até advir a delimitação da pesquisa.

   2. **A delimitação do tema ou o problema da pesquisa** – é o foco do trabalho, ou o problema a ser resolvido. É o recorte do assunto, especificando exatamente qual é a proposta de estudo do pesquisador. Uma boa maneira para delimitar a pesquisa é situá-la em um ramo específico da ciência, no tempo e/ou no espaço. A delimitação pode ser expressa por meio de uma frase afirmativa, caso a pesquisa seja uma revisão bibliográfica; ou por meio de uma pergunta, no caso de o pesquisador pretender realizar pesquisa de campo (pesquisa original). Para delimitar o tema, pense em:

- uma situação que precisa ser mudada ou mais bem compreendida;
- uma questão não resolvida;
- condições que precisam ser melhoradas;
- dificuldades que precisam ser eliminadas.

Uma boa delimitação deve ser claramente expressa, ser objetiva e observar a viabilidade no tempo, no espaço e no contexto.

> **EXEMPLO**
>
> **Exemplos de delimitações ou perguntas científicas:**
>
> - De que modo os recursos tecnológicos podem ser usados como ferramenta didático-pedagógica no cotidiano acadêmico?
> - Os fatores considerados na formação do preço das mensalidades da Escola Y são eficazes para sua saúde financeira?
> - Os professores da educação infantil e primeiras séries do ensino fundamental da Escola Z estão preparados para lidar com a corporeidade e a ludicidade na sua prática educativa?
> - As ferramentas oferecidas em *marketing* de serviços podem ser utilizadas na captação de alunos para a instituição de ensino superior X?
> - Uma abordagem sobre o conceito de Transtorno do Déficit de Atenção com Hiperatividade (TDAH) nas literaturas brasileira e francesa na última década.

Lembre-se de que é a pergunta que direcionará suas decisões, portanto invista nela!

3. **A(s) justificativa(s)** – é um texto dissertativo-argumentativo que responde à pergunta "Por quê?". Nele, o pesquisador deve convencer a comunidade acadêmico-científica da relevância da sua proposta. Os argumentos a serem apresentados deverão estar relacionados a motivos pessoais, profissionais, científicos, sociais e/ou acadêmicos.

4. **O(s) objetivo(s) a ser(em) atingido(s)** – este tópico responde à pergunta "Para quê?", isto é, para que servirá a sua pesquisa? Aonde você pretende chegar? O que deseja mostrar, demonstrar? Utilize frases curtas iniciadas com verbos no infinitivo. O objetivo geral deve estar diretamente relacionado à pergunta, explicitando, por meio do verbo, o que se deseja alcançar.

Sugestões de verbos para iniciar objetivos de acordo com a intenção

Exploratória: investigar, pesquisar, apontar, identificar, levantar, grifar, sublinhar, verificar, avaliar, comparar, nomear, registrar, relacionar, localizar, inventariar.

Descritiva: descrever, caracterizar, delimitar, determinar, definir, traçar.

Explicativa: elucidar, explicar, esclarecer, analisar, apreciar, avaliar.

Metodológica: especificar, operar, apresentar, discriminar, demonstrar, sequenciar, propor.

Aplicada: aplicar, executar, realizar, experimentar, esboçar, praticar.

Intervencionista: propor, modificar, solucionar, colocar em prática, construir, formular, intervir.

EXEMPLO

- Verificar se a característica empreendedora de um gestor reflete em projetos bem-sucedidos do ponto de vista empresarial.
- Averiguar o tipo de formação, as habilidades e as competências inerentes a um administrador empreendedor.

5. **A(s) hipótese(s), quando couber(em)** – nos casos em que a delimitação da pesquisa aponta para um problema, o pesquisador deve construir uma hipótese, ou seja, uma suposta resposta para sua pergunta. É uma proposição baseada no conhecimento empírico e que será aceita ou rejeitada somente depois de ser devidamente testada. Na proposição, utilizamos expressões indicativas de conjectura.

> **EXEMPLO**
>
> Julga-se [supõe-se, acredita-se, é possível] que o gestor de projetos com tendência empreendedora consegue alcançar resultados mais positivos, em virtude da sua coragem e criatividade.

b) **Base teórica**: nessa seção, o autor apresenta a fundamentação conceitual da pesquisa e, de modo ainda superficial, faz uma breve apresentação dos representantes epistemológicos do campo teórico em debate. Esse texto é também chamado de marco teórico.

c) **Metodologia**:[6] é o momento de o pesquisador traçar o caminho que irá percorrer e tomar algumas decisões sobre procedimentos e técnicas a serem desenvolvidas na pesquisa. Neste texto, ele deve responder às seguintes perguntas: que tipo de raciocínio lógico utilizará? Quais os fins e os meios da pesquisa? Que abordagem utilizará – quantitativa, qualitativa ou qualiquantitativa? Quais serão seu universo, amostra e sujeitos? Serão necessários quais instrumentais de pesquisa (questionário; entrevista; estudo de caso...)? Como será feita a coleta de dados? Como o pesquisador procederá para certificar-se do aspecto ético da pesquisa? Que critérios utilizará na análise?

d) **Recursos necessários**: descreva os recursos físicos, humanos e financeiros que serão demandados pela pesquisa. Se necessário, utilize tabelas.

---

[6] Consultar o capítulo "Dimensão metodológica do texto científico" deste livro.

e) **Cronograma previsto para realização da pesquisa**: é o planejamento cronológico da pesquisa. Recomendo apresentá-lo na forma de quadro, conforme os modelos a seguir.

Quadro 17 – Modelo 1 de cronograma

Atividade	Prazo
1. Realização das disciplinas – créditos	
2. Levantamento bibliográfico	
3. Leituras, fichamentos e resenhas	
4. Redação do projeto de pesquisa	
5. Qualificação do projeto	
6. Aquisição do *corpus* para análise dos dados	
7. Redação preliminar dos capítulos teóricos	
8. Redação do capítulo de metodologia	
9. Qualificação do texto preliminar	
10. Refinamento do quadro teórico	
11. Compilação e análise dos dados	
12. Redação da análise dos dados	
13. Redação da introdução	
14. Redação da conclusão	
15. Revisão do texto	
16. Protocolo de entrega da tese	
17. Defesa da tese	

Fonte: Elaborado pela autora.

Quadro 18 – Modelo 2 de cronograma

	Fevereiro	Março	Abril	Maio	Junho
Levantamento bibliográfico	X X				
Orientação	X	X	X X	X	X X
Redação do Capítulo I	X X X				
Correções do Capítulo I		X			
Redação do Capítulo 2		X X X			
Correções do Capítulo 2			X		
Pesquisa de campo			X X		
Manejo dos dados coletados			X		
Redação do Capítulo 3				X X X	
Correções do Capítulo 3				X	
Redação da Conclusão				X X	
Redação da Introdução				X X	
Preparo de adendos e anexos				X X	
Revisão geral					X X
Entrega da monografia					X

Fonte: Elaborado pela autora.

- *Elementos pós-textuais*
a) **Referências** (elemento obrigatório): elaboradas conforme a ABNT NBR 6023 (2018).
b) **Glossário** (elemento opcional): elaborado em ordem alfabética.
c) **Apêndice** (elemento opcional): deve ser precedido da palavra APÊNDICE, identificado por letras maiúsculas consecutivas, travessão e pelo respectivo título. Utilizam-se letras maiúsculas dobradas, na identificação dos apêndices, quando esgotadas as letras do alfabeto.

> **EXEMPLO**
>
> APÊNDICE A – Avaliação do rendimento escolar de alunos da Escola Nossa Senhora das Graças

d) **Anexo** (elemento opcional): deve ser precedido da palavra ANEXO, identificado por letras maiúsculas consecutivas, travessão e pelo respectivo título. Utilizam-se letras maiúsculas dobradas, na identificação dos anexos, quando esgotadas as letras do alfabeto.

> **EXEMPLO**
>
> ANEXO A – Representação gráfica de contagem de células inflamatórias presentes nas caudas em regeneração – Grupo de controle II (Temperatura...)

e) **Índice** (elemento opcional): elaborado conforme a ABNT NBR 6034.

■ 4.18.2
Regras gerais de apresentação do projeto de pesquisa

A apresentação de projetos de pesquisa deve ser elaborada conforme a seguir:

a) **Formato**: os textos devem ser digitados em cor preta, podendo utilizar outras cores somente para as ilustrações. Se impresso, utilizar papel branco ou reciclado no formato A4 (21 cm × 29,7 cm). Os elementos pré-textuais devem iniciar no anverso da folha. Recomenda-se que os elementos textuais e pós-textuais sejam digitados no anverso e verso das folhas.

   As margens devem ser: para o anverso, esquerda e superior de 3 cm e direita e inferior de 2 cm; para o verso, direita e superior de 3 cm e esquerda e inferior de 2 cm.

   Recomenda-se fonte tamanho 12 para todo o trabalho, excetuando-se as citações de mais de três linhas, notas de rodapé, paginação, legendas e fontes das ilustrações e das tabelas, que devem ser em tamanho menor e uniforme.

b) **Espaçamento**: todo o texto deve ser digitado com espaçamento 1,5 entre as linhas, excetuando-se as citações de mais de três linhas, notas de rodapé, referências, legendas das ilustrações e das tabelas, tipo de projeto de pesquisa e nome da entidade, que devem ser digitados em espaço simples. As referências, ao final do trabalho, devem ser separadas entre si por um espaço simples em branco.

   Na folha de rosto, o tipo de projeto de pesquisa e o nome da entidade a que é submetido devem ser alinhados do meio da mancha gráfica para a margem direita.

c) **Notas de rodapé**: as notas devem ser digitadas dentro das margens, ficando separadas do texto por um espaço simples entre as linhas e por filete de 5 cm, a partir da margem esquerda. Devem ser alinhadas, a partir da segunda linha da mesma nota, abaixo da primeira letra da primeira palavra, de forma a destacar o expoente, sem espaço entre elas e com fonte menor.

d) **Indicativos de seção**: o indicativo numérico, em algarismo arábico, de uma seção precede seu título, alinhado à esquerda, separado por um espaço de caractere. Os títulos das seções primárias devem começar em página ímpar (anverso), na parte superior da mancha gráfica, e ser separados do texto que os sucede por um espaço entre as linhas de 1,5. Da mesma forma, os títulos das subseções devem ser separados do texto que os precede e que os sucede por um espaço entre as linhas de 1,5. Títulos que ocupem mais de uma linha devem ser, a partir da segunda linha, alinhados abaixo da primeira letra da primeira palavra do título.

e) **Títulos sem indicativo numérico**: são eles: errata, lista de ilustrações, lista de abreviaturas e siglas, lista de símbolos, sumário, referências, glossário, apêndice(s), anexo(s) e índice(s). Esses títulos devem ser centralizados.

f) **Paginação**: as folhas ou páginas pré-textuais devem ser contadas, mas não numeradas. Para trabalhos digitados apenas no anverso, todas as folhas, a partir da folha de rosto, devem ser contadas sequencialmente, considerando apenas o anverso. A numeração deve figurar, a partir da primeira folha da parte textual, em algarismos arábicos, no canto superior direito da folha, a 2 cm da borda superior, ficando o último algarismo a 2 cm da borda direita da folha. Quando o trabalho for digitado em anverso e verso, a numeração das páginas deve ser colocada no anverso da folha, no canto superior direito; e no verso, no canto superior esquerdo. No caso de o trabalho ser constituído de mais de um volume, deve ser mantida uma única sequência de numeração das folhas ou páginas do primeiro ao último volume.

Havendo apêndice e anexo, as suas folhas ou páginas devem ser numeradas de maneira contínua e sua paginação deve dar seguimento à do texto principal.

g) **Numeração progressiva**: elaborada conforme a ABNT NBR 6024.

h) **Citações**: apresentadas conforme a ABNT NBR 10520.

i) **Siglas**: a sigla, quando mencionada pela primeira vez no texto, deve ser indicada entre parênteses, precedida do nome completo.

EXEMPLO

Associação Brasileira de Normas Técnicas (ABNT)

j) **Equações e fórmulas**: para facilitar a leitura, devem ser destacadas no texto e, se necessário, numeradas com algarismos arábicos entre parênteses, alinhados à direita. Na sequência normal do texto, é permitido o uso de uma entrelinha maior que comporte seus elementos (expoentes, índices, entre outros).

k) **Ilustrações**: qualquer que seja o tipo de ilustração, sua identificação aparece na parte superior, precedida da palavra designativa (desenho, esquema, fluxograma, fotografia, gráfico, mapa, organograma, planta, quadro, retrato, figura, imagem e outros), seguida de seu número de ordem de ocorrência no texto, em algarismos arábicos, travessão e do respectivo título. Após a ilustração, na parte inferior, indicar a fonte consultada (elemento obrigatório, mesmo que seja produção do próprio autor), legenda, notas e outras informações necessárias à sua compreensão (se houver). A ilustração deve ser citada no texto e inserida o mais próximo possível do trecho a que se refere.

l) **Tabelas**: devem ser citadas no texto, inseridas o mais próximo possível do trecho a que se referem e padronizadas conforme o Instituto Brasileiro de Geografia e Estatística (IBGE).

■ 4.19
RELATÓRIO

Como o próprio nome diz, relatório é um relato detalhado, uma exposição escrita de uma atividade prática, um determinado trabalho ou experiência científica. Como trabalho acadêmico, ele é sistematizado pela ABNT NBR 10719, de 2015, a qual focaliza o relatório técnico/científico e o conceitua como um documento que descreve formalmente o progresso ou resultado de pesquisa científica e/ou técnica.

Sabe-se que existem vários tipos de relatórios, que mudam de acordo com o objetivo ou a atividade relatada. São eles: de gestão (relatórios empresariais), de inquérito (policial, administrativo etc.), de rotina, de evento, de palestra, de cadastro, de visita, de inspeção, de viagens, de estágio, contábil e, ainda, o relatório-roteiro (elaborado com base em modelo ou formulário impresso). Embora a ABNT NBR 10719 tenha como objeto de normalização o relatório técnico e/ou científico, ela pode ser oportunamente aplicada quando da elaboração dos outros tipos de relatórios, devendo os autores sujeitar-se às normas, na medida do possível.

■ 4.19.1
Alguns tipos de relatório

Dentre as várias modalidades de relatórios, destacamos algumas que seguem.

▶ Relatório de visita técnica

Deve ser relativamente menos extenso, uma vez que, na sua maioria, tem como base as orientações da disciplina que podem configurar num formulário de pesquisa. O relatório de visita deverá seguir a estrutura gráfica preconizada pela norma e apresentar a seguinte estrutura textual: a introdução, na qual se mencionam o local da visita (sua respectiva localização), o objetivo da atividade e a que disciplina e professor se vincula; os objetivos da atividade de pesquisa, que devem estar relacionados com cada etapa da atividade; a descrição do processo da visita e os aspectos observados para a coleta de dados, bem como os resultados pretendidos; a interpretação dos dados coletados; e os comentários finais.

▶ Relatório de experiência simples

Solicitado em circunstâncias didáticas em que o professor propõe alguma experiência como atividade escolar e requer a produção de um relatório com menor rigor. Nesse tipo de relato, a estrutura do texto é a seguinte:

a) **Cabeçalho**: identificação do trabalho (título). Identificação do(s) autor(es). Data em que o relatório foi realizado. Disciplina a que diz respeito.

b) **Introdução**: o autor deverá dizer sumariamente que gênero textual o leitor tem em mãos (um relatório), chamando-lhe a atenção para os pontos importantes do trabalho, respondendo às seguintes questões: o que foi relatado? Por quê (justificativa)? Para quê (objetivos)? Devem-se identificar as noções teóricas em que se baseia o trabalho.

c) **Esquema de investigação ou materiais e métodos**: é o esclarecimento dos procedimentos empregados; como se deu a coleta dos dados, que materiais foram utilizados e como foi aplicada a metodologia – como foi feito? Deve ser tão curto quanto possível, contendo, no entanto, informação suficiente para que, no caso de a experiência ser repetida por outra pessoa, resultados idênticos possam ser obtidos. Na sua elaboração, podem e devem ser usadas as mais variadas formas gráficas (desenhos, cores, gráficos etc.).

d) **Resultados e discussão**: o que foi encontrado? Comente os resultados obtidos em face do objetivo pretendido. A discussão constitui a parte mais importante do relatório, uma vez que é nela (e não na introdução) que os autores evidenciam todos os conhecimentos adquiridos, buscando discutir os resultados obtidos com maturidade.

e) **Referências**: devem figurar no fim do relatório em ordem alfabética pelo sobrenome do autor da obra consultada. Devem ser apresentadas todas as referências mencionadas e consultadas.

▶ **Relatório de palestra**

É o registro das principais ideias veiculadas em uma palestra, cujo teor foi recomendado por algum professor. Por se tratar de uma atividade muito recorrente no meio acadêmico, sugere-se um modelo de relatório-roteiro padrão, cuja extensão deve ficar em torno de duas a três laudas.

Figura 22 – Esquema básico de relatório de palestra

RELATÓRIO DE PALESTRA/EVENTO

Nome do aluno:_____ Turma:_____
Tema da palestra/evento: _____
Palestrante(s): _____
Data da Palestra: _____/_____/_____ Local:_____
Disciplina(s)/Professor(es) envolvido(s): _____
Instituição/curso: _____
Horário de início: _____ horas Horário de término: _____ horas
Na introdução, informar:

que evento será relatado, onde ocorreu, como, quando, quem estava envolvido como organizador e participante e por que aconteceu (objetivos) o evento.

No desenvolvimento, relatar:
- os objetivos da palestra/evento e as ideias principais do(s) palestrante(s);
- os argumentos de maior relevância utilizados;
- os pontos mais importantes do evento;
- a(s) conclusão(ões) do palestrante.

Na conclusão, avaliar:
- a organização geral do evento;
- o conteúdo exposto pelo(s) palestrante(s);
- o atingimento ou não dos objetivos.

O tamanho do texto é variável, mas recomenda-se não ultrapassar 3 laudas.

Assinatura do Acadêmico: _____ Assinatura do Responsável: _____

Fonte: Elaborada pela autora.

▶ **Relatório técnico-científico**

Documento que relata os resultados ou progressos obtidos em investigação de pesquisa e o seu desenvolvimento. É, pois, o conjunto da descrição da pesquisa, dos resultados nela obtidos, assim como das ideias associadas, de modo a constituir uma compilação completa e resumida de tudo o que diga respeito a esse trabalho, objetivando a informação exata e clara e o exercício da organização de dados. O propósito desse documento é comunicar os resultados da pesquisa em toda a sua dimensão, apresentando revisão bibliográfica, fatos, dados, procedimentos utilizados, resultados obtidos, análise, chegando a certas conclusões e recomendações.

■ 4.19.2
Estrutura do relatório técnico e/ou científico

Assim como os trabalhos acadêmicos mais rigorosos, o relatório é estruturado em duas partes: a externa e a interna.

Quadro 19 – Estrutura do relatório

PARTE	ELEMENTOS		USO
Externa	Capa		Opcional
	Lombada		Opcional
Interna	Pré-textuais	Folha de rosto	Obrigatório
		Errata	Opcional
		Agradecimentos	Opcional
		Resumo na língua vernácula	Obrigatório
		Lista de ilustrações	Opcional
		Lista de tabelas	Opcional
		Lista de abreviaturas e siglas	Opcional
		Lista de símbolos	Opcional
		Sumário	Obrigatório
	Textuais	Introdução	Obrigatório
		Desenvolvimento	Obrigatório
		Considerações finais	Obrigatório
	Pós-textuais	Referências	Obrigatório
		Glossário	Opcional
		Apêndice	Opcional
		Anexo	Opcional
		Índice	Opcional
		Formulário de identificação	Opcional

Fonte: ABNT NBR 10719 (2015).

▶ **Parte externa**

a) **Capa**: podem ser incluídas até quatro capas, assim apresentadas.

■ **Primeira capa**: recomenda-se incluir nome e endereço da instituição responsável; número do relatório; ISSN (código internacional para publicação em série – International Standard Serial Number) (se houver), elaborado conforme a ABNT NBR 10525; título e subtítulo (se houver); classificação de segurança (em casos de relatórios implicados em normas dessa natureza) (se houver).

- **Segunda, terceira e quarta capas**: recomenda-se não inserir informações. A terceira e quarta capas aparecem após os elementos pós-textuais.

b) **Lombada**: é o dorso da capa que reúne as margens internas ou dobras das folhas, sejam elas costuradas, grampeadas, coladas ou mantidas juntas de outra maneira. Sua apresentação é normatizada pela ABNT NBR 12225/2004 e sua estrutura deve conter: nome(s) do(s) autor(es); título; subtítulo, se houver; elementos alfanuméricos de identificação de volume, fascículo e data, se houver; e logomarca da editora (se houver).

▶ **Parte interna**

- *Elementos pré-textuais*

São apresentados na seguinte ordem:

a) **Folha de rosto/anverso**:
  - nome do órgão ou entidade responsável que solicitou ou gerou o relatório;
  - título do projeto, programa ou plano a que o relatório está vinculado;
  - título do relatório;
  - subtítulo, se houver, deve ser precedido de dois-pontos, evidenciando a sua subordinação ao título. O relatório em vários volumes deve ter um título geral. Além deste, cada volume pode ter um título específico;
  - número do volume; se houver mais de um, deve constar em cada folha de rosto a especificação do respectivo volume, em algarismo arábico;
  - código de identificação, se houver, recomenda-se que seja formado pela sigla da instituição, indicação da categoria do relatório, data, indicação do assunto e número sequencial do relatório na série;
  - classificação de segurança: todos os órgãos, privados ou públicos, que desenvolvam pesquisa de interesse nacional de

conteúdo sigiloso devem informar a classificação adequada, conforme a legislação em vigor;

- nome do autor ou autor-entidade; o título e a qualificação ou a função do autor podem ser incluídos, pois servem para indicar sua autoridade no assunto. Caso a instituição que solicitou o relatório seja a mesma que o gerou, suprime-se o nome da instituição no campo de autoria;
- local (cidade) da instituição responsável e/ou solicitante, sendo que, no caso de cidades homônimas, recomenda-se o acréscimo da sigla da unidade da federação;
- ano de publicação, de acordo com o calendário universal (gregoriano), deve ser apresentado em algarismos arábicos.

b) **Folha de rosto/verso**

Os elementos devem ser apresentados na seguinte ordem:

- equipe técnica, elemento opcional, indica a comissão de estudo, colaboradores, coordenação geral, entre outros. O título e a qualificação ou a função do autor podem ser inseridos, pois servem para indicar sua autoridade no assunto, podendo ser incluída na folha subsequente à folha de rosto;
- dados internacionais de catalogação na publicação, elemento opcional, devendo conter os dados de catalogação na publicação, conforme o Código de Catalogação Anglo-Americano vigente.

  Os dados internacionais de catalogação na publicação serão obrigatórios quando não utilizado o formulário de identificação.

c) **Errata** (elemento opcional): inserida após a folha de rosto e constituída pela referência do trabalho e pelo texto da errata, conforme exemplo da seção 2.1.2.1.

d) **Agradecimentos** (elemento opcional): devem ser inseridos após a errata, se houver.

e) **Resumo na língua vernácula** (elemento obrigatório): elaborado conforme a ABNT NBR 6028.

f) **Lista de ilustrações** (elemento opcional): elaborada de acordo com a ordem apresentada no relatório, com cada item designado por seu nome específico, acompanhado do respectivo número da página ou folha. Quando necessário, recomenda-se a elaboração de lista própria para cada tipo de ilustração (desenhos, esquemas, fluxogramas, fotografias, gráficos, mapas, organogramas, plantas, quadros, retratos e outros).

> **EXEMPLO**
>
> **LISTA DE QUADROS**
> Quadro 1 – Inventário de emoções   46

g) **Lista de tabelas** (elemento opcional): elaborada de acordo com a ordem apresentada no relatório, com cada item designado por seu nome específico, acompanhado do respectivo número da página ou folha.

> **EXEMPLO**
>
> **LISTA DE TABELAS**
> Tabela 1 – Intervenções didático-discursivas incentivadoras da Turma 613   128
> Tabela 2 – Intervenções didático-discursivas disciplinadoras da Turma 613   131

h) **Lista de abreviaturas e siglas** (elemento opcional): consiste na relação alfabética das abreviaturas e siglas utilizadas no relatório, seguidas das palavras ou expressões correspondentes grafadas por extenso. Recomenda-se a elaboração de lista própria para cada tipo.

> **EXEMPLO**
>
> **LISTA DE ABREVIATURAS**
> Fil.   Filosofia
> IBGE   Instituto Brasileiro de Geografia e Estatística
> ABNT   Associação Brasileira de Normas Técnicas

i) **Lista de símbolos** (elemento opcional): elaborada de acordo com a ordem apresentada no texto, com o devido significado.

> **EXEMPLO**
>
> **LISTA DE SÍMBOLOS**
> §   Parágrafo
> ®   Marca registrada
> ∞   Infinito

j) **Sumário** (elemento obrigatório): elaborado conforme a ABNT NBR 6027.

> **EXEMPLO**
>
> **SUMÁRIO**
>
> **1 INTRODUÇÃO** 12
> **2 REFERENCIAL TEÓRICO** 14
> 2.1 A EDUCAÇÃO PARA TODOS 15

- *Parte textual*

O texto é composto de uma parte introdutória, o desenvolvimento e fecho, podendo as seções ser organizadas da seguinte forma:

a) **Introdução**: explicitação da pesquisa realizada (tema e delimitação do tema), objeto investigado, hipótese, objetivo, justificativa, aspectos teóricos, definições operacionais utilizadas (método).

b) **Revisão da bibliografia**: relacionada com a fundamentação teórica estabelecida para desenvolvimento dos temas ou análise das pesquisas efetuadas.

c) **Esquema de investigação ou materiais e métodos**: é o esclarecimento dos procedimentos empregados; como se deu a coleta dos dados, que materiais foram utilizados e como foi aplicada a metodologia.

d) **Análise de dados**: apresentação, análise e interpretação dos dados coletados durante a experiência.

e) **Resultados e discussões**: principais descobertas e conclusões, sugestões para pesquisas posteriores e recomendações.

- *Parte pós-textual*

a) **Referências** (elemento opcional): para relatórios com citações, este elemento é obrigatório e deve ser elaborado conforme a ABNT NBR 6023.

b) **Glossário** (elemento opcional): elaborado em ordem alfabética.

c) **Apêndice** (elemento opcional): deve ser precedido da palavra APÊNDICE, identificado por letras maiúsculas consecutivas, travessão e pelo respectivo título. Utilizam-se letras maiúsculas dobradas, na identificação dos apêndices, quando esgotadas as letras do alfabeto.

> EXEMPLO
>
> APÊNDICE A – TERMO DE CONSENTIMENTO LIVRE E ESCLARECIDO

d) **Anexo** (elemento opcional): deve ser precedido da palavra ANEXO, identificado por letras maiúsculas consecutivas, travessão e pelo respectivo título. Utilizam-se letras maiúsculas dobradas, na identificação dos anexos, quando esgotadas as letras do alfabeto.

> EXEMPLO
>
> ANEXO A – NORMAS INTERNAS DA ESCOLA INVESTIGADA

e) **Índice** (elemento opcional): elaborado conforme a ABNT NBR 6034.

f) **Formulário de identificação** (elemento opcional): o formulário será obrigatório quando não forem utilizados os dados internacionais de catalogação na publicação.

Quadro 20 – Formulário de identificação do relatório

DADOS DO RELATÓRIO TÉCNICO E/OU CIENTÍFICO			
Título e subtítulo		Classificação de segurança	
		Nº	
Tipo de relatório		Data	
Título do projeto/programa/plano		Nº	
Autor(es)			
Instituição executora e endereço completo			
Instituição patrocinadora e endereço completo			
Resumo			
Palavras-chave/descritores			
Edição	Nº de páginas	Nº do volume/parte	Nº de classificação
ISSN	Tiragem		Preço
Distribuidor			
Observações/notas			

Fonte: ABNT NBR 10719 (2015).

■ 4.19.3
Regras gerais para elaboração de um relatório

Ao produzir o texto, o relator deve ter em mente as seguintes questões:

a) Quem ler este relatório conseguirá entender o que foi feito e como?

b) Esse leitor será capaz de repetir tal realização, tendo como guia apenas este relatório?

A clareza do raciocínio, característica do método científico, deverá transparecer na linguagem e forma do relatório. Ele deverá ser tão curto e conciso quanto possível. No entanto, deverá incluir a informação mínima indispensável à compreensão do trabalho. A forma pela qual alguma informação pode ser apresentada (quadros, gráficos, ilustrações) pode contribuir consideravelmente para reduzir a sua extensão. As frases devem ser completas, para que seja possível seguir um raciocínio lógico.

Para a sua apresentação, são indispensáveis as seguintes normas:

a) ABNT NBR 6023, *Informação e documentação*: *Referências*, 2018.
b) ABNT NBR 6024, *Informação e documentação*: *Numeração progressiva das seções de um documento escrito*, 2012, confirmada em 2016.
c) ABNT NBR 6027, *Informação e documentação*: *Sumário*, 2012, confirmada em 2016.
d) ABNT NBR 6028, *Informação e documentação*: *Resumo*, 2003, confirmada em 2017.
e) ABNT NBR 6034, *Informação e documentação*: *Índice*, 2015, confirmada em 2019.
f) ABNT NBR 10520, *Informação e documentação*: *Citações em documentos*, 2002, confirmada em 2019.
g) ABNT NBR 10525, *Informação e documentação*: *Número Padrão Internacional para Publicações Seriadas – ISSN*, 2005, confirmada em 2017.
h) ABNT NBR 12225, *Informação e documentação*: *Lombada*, 2004, confirmada em 2019.
i) *Código de Catalogação Anglo-Americano*. 2. ed. rev. São Paulo: Febab, 2004.
j) IBGE. *Normas de apresentação tabular*. 3. ed. Rio de Janeiro, 1993.

4.20
RESENHA

É o texto que relata a descrição técnica, a síntese do conteúdo e a análise crítica de uma obra (artística, esportiva, literária, científica...).

Trata-se de uma produção de grande utilidade por permitir ao pesquisador ter acesso à obra sem lê-la na íntegra e, assim, orientá-lo sobre a escolha ou não do texto que originou a resenha para compor o referencial de sua pesquisa.

4.20.1
Tipos de resenhas

É classificada em dois tipos:

- **Resenha descritiva** – é aquela que traz uma descrição técnica da obra e do autor, bem como uma síntese do conteúdo do texto.
- **Resenha crítico-descritiva** – também chamada de *resenha crítica* ou apenas *crítica*; além da descrição técnica e da síntese do conteúdo, esse tipo de resenha carrega alto grau de análise da obra. É a produção na qual se aprecia o mérito de uma obra literária, artística ou científica. Nela, a parte crítica ganha maior destaque. Para elaborá-la com consciência e qualidade, é necessário que o leitor assista ou leia o objeto da resenha mais de uma vez; faça um estudo sobre o autor, suas produções anteriores, seu estilo; elabore um resumo da obra; e se esforce na realização da análise crítica, formulando um conceito de valor e fazendo analogias entre temas, épocas, mensagens, estilos e outros textos.

Quanto aos modos de divulgação e circulação, existem a resenha de divulgação, se o contexto for a esfera jornalística, no intuito de difusão da obra, com função até mercadológica, e a resenha acadêmica, cujo propósito principal é a construção do conhecimento. Coerentemente com os objetivos deste livro, focalizo aqui a resenha acadêmica.

> **Observação**
>
> A revisão de bibliografia de relatos científicos como dissertação, tese, relatório ou artigo tem sido considerada resenha. Assis (2014) advoga que esse gênero, resenha acadêmica temática, desenvolve-se em torno de um tema, a partir do diálogo com, pelo menos, dois textos-base e possibilita o exercício de estratégias requeridas da escrita acadêmica, tais como a apropriação do discurso de outrem.

■ 4.20.2
Estrutura da resenha

Para se estruturar uma resenha, é importante seguir alguns passos que irão auxiliar na qualidade do trabalho.

▶ **Parte pré-textual**

a) No alto da página, registre a referência da obra, segundo as normas da ABNT.

b) Escreva o título RESENHA DESCRITIVA ou RESENHA CRÍTICA ou outro similar, ou, ainda, um título que você optar para nomear o seu texto.

c) Abaixo, em itálico e na margem direita, registre o seu nome (autor da resenha), com uma remissiva ao rodapé, onde serão informadas as suas credenciais.

▶ **Parte textual**

a) **Introdução**: inicie a resenha situando o leitor no texto que será lido. Anuncie a ele os *dados técnicos da obra resenhada* (título, autor, edição, número de páginas, seções, gênero textual que representa etc.). Destaque algumas informações acerca da formação e da experiência do autor, a fim de lhe imprimir credibilidade. O objetivo dessa parte é fazer com que o leitor entenda que texto é aquele que foi resenhado. Esse é o espaço, também, para contextualizar a obra no tempo, espaço e teorias ou temáticas a que correspondem.

b) **Desenvolvimento**: é o resumo informativo da obra. Redija a síntese da obra, inserindo, se possível, alguma citação.

Caso o texto seja uma narrativa, espera-se encontrar, nesse espaço, os elementos que a compõem (personagem, espaço, tempo, narrador, fato etc.), bem como os fatos estruturais básicos (apresentação, fato complicador, complicação, ápice, desfecho e coda[7]).

Em se tratando de um texto argumentativo, o resenhista deve trazer à tona a tese defendida e os principais argumentos utilizados pelo autor.

Se se tratar de um texto descritivo, o desenvolvimento da resenha informará o objeto descrito pelo autor, a ancoragem defendida e os elementos qualitativos e quantitativos utilizados para expandir a ancoragem. Além disso, o resenhista deverá falar sobre a perspectiva do observador-descritor.

Se a resenha originar de um texto acadêmico-científico (tese, dissertação, artigo...), o autor deve informar: tema, delimitação, objetivos (geral e específicos), justificativa, hipótese (se houver), método utilizado, dados e resultados obtidos com a pesquisa.

Ao apresentar os conteúdos da obra lida, o resenhista deve ir atribuindo a autoria, buscando um diálogo com o autor de modo que o leitor perceba quais ideias são atribuídas ao resenhista e quais são do autor do texto-fonte.

---

[7] Coda é a mensagem que pode ser extraída da narrativa. Nas fábulas, ela é conhecida como moral da história.

> **EXEMPLO**
>
> - Ideias que marcam a posição do autor do texto-fonte: "Em sua obra, o cientista Fulano defende com veemência a Teoria X. O autor contradiz os pressupostos da Teoria Y e expõe que...".
> - Ideias que marcam a posição autoral do resenhista: "São percebidas, claramente, incoerências entre a defesa do autor e a análise que faz da Teoria Z, o que enfraquece a sua defesa".

c) **Conclusão**: é uma avaliação crítica do objeto resenhado. Exponha suas ideias pessoais e faça indicações da obra, caso considere oportuno. Esta última parte será dispensada caso a resenha seja apenas descritiva. Assim, o autor elabora o fecho com dados do desenvolvimento, sem a análise crítica.

Essa divisão tem o intuito didático. Com a prática, o resenhista vai aprendendo a trabalhar todas essas informações sem segmentá-las, o que é o ideal. Nesse estágio, a postura crítica é percebida desde a primeira linha, resultando num texto em que as informações técnicas, o resumo e a voz crítica do autor se interpenetram. Vale ressaltar que se trata de um texto sequencial, sem a necessidade de criar subtítulos.

▶ **Parte pós-textual**

Referências: utilizadas apenas no caso de o resenhista ter citado algum outro autor para a realização da sua análise.

Figura 23 – Aspecto visual da resenha

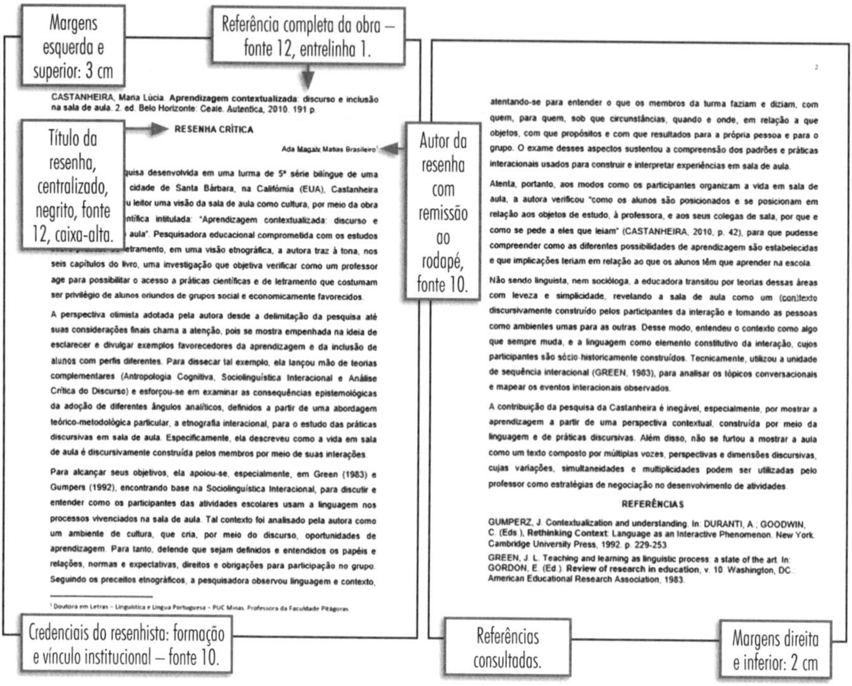

Fonte: Elaborada pela autora.

■ 4.20.3
Dicas de elaboração de uma resenha

1ª fase:

a) Faça a primeira leitura do texto (ou filme, ou escultura, ou peça ou partida de futebol...) sem nada sublinhar para identificar a ideia central do texto. Ao final, tente responder para si mesmo qual é a proposta do texto, qual a ideia ou ideias que defende. Apenas prossiga quando souber responder a essas perguntas, criando em você, leitor, uma expectativa sobre o que leu.

b) Leia novamente o texto para destacar os trechos significativos e representativos da ideia central, os argumentos, os comentários do autor e informações complementares.

c) Observe a estrutura dos parágrafos (atos, tempos, capítulos...) e perceba a relação coesiva que existe entre eles. Agora subli-nhe, marque, faça os destaques significativos.

2ª fase:

a) Registre as ideias destacadas na primeira fase.

b) Com base nelas, elabore a síntese.

c) Verifique se o seu resumo apresenta a ideia central do texto lido, os principais argumentos e a conclusão do autor.

d) Seja fiel às ideias dele, mas registre-as com suas palavras, po-dendo utilizar-se do recurso da citação.

3ª fase:

a) É um momento das ideias pessoais, portanto, faça seus comen-tários sobre o que entendeu e como entendeu o texto.

b) Faça referência a outros autores ou a outros textos do mesmo autor, comparando perspectivas e posicionamentos.

c) Avalie a linguagem e a estrutura do texto, e destaque os aspec-tos positivos e negativos.

Outras sugestões:

• Avalie se o autor conseguiu alcançar os objetivos a que se propôs.

• Demonstre se o tema tratado pelo autor é relevante e se apresen-ta originalidade (conhecimentos novos).

• Aponte e explicite, se for o caso, alguma falha, incoerência ou limitação na abordagem adotada pelo autor.

• Distinga, no decorrer do texto, as suas ideias das do autor do texto-fonte, utilizando articuladores como: "de acordo com a exposição do autor..." ou "segundo defende Fulano...".

4ª fase:

Digite e estruture o texto, conforme o gênero textual (a extensão depende do espaço que o veículo reserva para esse tipo de texto, ou das instruções de quem solicitou sua produção. Normalmente, é um texto entre uma e quatro páginas).

> **EXEMPLO**
>
> *Como iniciar uma resenha*
>
> Uma análise descritiva e crítica é o que se apresenta a seguir, cujo texto-fonte foi "........." (descreva a obra), de autoria de .... (apresentam-se, rapidamente, algumas características do autor que lhe confiram credibilidade na produção daquele texto). Oportunamente, nessa obra, Fulano traz à tona o assunto .... com o objetivo de........

▪ 4.20.4
Exemplo de resenha

> **EXEMPLO**
>
> CASTANHEIRA, Maria Lúcia. **Aprendizagem contextualizada**: discurso e inclusão na sala de aula. 2. ed. Belo Horizonte: Ceale; Autêntica, 2010. 191 p.
>
> **RESENHA CRÍTICA**
>
> Ada Magaly Matias Brasileiro[1]
>
> Fruto de uma pesquisa desenvolvida em uma turma de 5ª série bilíngue de uma escola pública da cidade de Santa Bárbara, na Califórnia (EUA), Castanheira compartilha com seu leitor uma visão da sala de aula como cultura, por meio da obra de divulgação científica intitulada: "Aprendizagem contextualizada: discurso e inclusão na sala de aula".

---

[1] Doutora em Letras: Linguística e Língua Portuguesa – PUC Minas. Professora adjunta da Universidade Federal de Ouro Preto (Ufop-MG), 2020.

Pesquisadora educacional comprometida com os estudos sobre práticas de letramento, em uma visão etnográfica, a autora traz à tona, nos seis capítulos do livro, uma investigação que objetiva verificar como um professor age para possibilitar o acesso a práticas científicas e de letramento que costumam ser privilégio de alunos oriundos de grupos social e economicamente favorecidos.

A perspectiva otimista adotada pela autora desde a delimitação da pesquisa até suas considerações finais chama a atenção, pois se mostra empenhada na ideia de esclarecer e divulgar exemplos favorecedores da aprendizagem e da inclusão de alunos com perfis diferentes. Para dissecar tais exemplos, ela lançou mão de teorias complementares (Antropologia Cognitiva, Sociolinguística Interacional e Análise Crítica do Discurso) e esforçou-se em examinar as consequências epistemológicas da adoção de diferentes ângulos analíticos, definidos a partir de uma abordagem teórico-metodológica particular, a etnografia interacional, para o estudo das práticas discursivas em sala de aula. Especificamente, ela descreveu como a vida em sala de aula é discursivamente construída pelos membros por meio de suas interações.

Para alcançar seus objetivos, ela apoiou-se, especialmente, em Green (1983) e Gumpers (1992), encontrando base na Sociolinguística Interacional, para discutir e entender como os participantes das atividades escolares usam a linguagem nos processos vivenciados na sala de aula. Tal contexto foi analisado pela autora como um ambiente de cultura, que cria, por meio do discurso, oportunidades de aprendizagem. Para tanto, defende que sejam definidos e entendidos os papéis e relações, normas e expectativas, direitos e obrigações para participação no grupo. Seguindo os preceitos etnográficos, a pesquisadora observou linguagem e contexto, atentando-se para entender o que os membros da turma faziam e diziam, com quem, para quem, sob que circunstâncias, quando e onde, em relação a que objetos, com que propósitos e com que resultados para a própria pessoa e para o grupo. O exame desses aspectos sustentou a compreensão dos padrões e práticas interacionais usados para construir e interpretar experiências em sala de aula.

Atenta, portanto, aos modos como os participantes organizam a vida em sala de aula, a autora verificou "como os alunos são posicionados e se posicionam em relação aos objetos de estudo, à professora e aos seus colegas de sala, por que e como se pede a eles que leiam" (CASTANHEIRA, 2010, p. 42), para que pudesse compreender como as diferentes possibilidades de aprendizagem são estabelecidas e que implicações teriam em relação ao que os alunos têm que aprender na escola.

Não sendo linguista, nem socióloga, a educadora transitou por teorias dessas áreas com leveza e simplicidade, revelando a sala de aula como um (con)texto discursivamente construído pelos participantes da interação e tomando as pessoas como ambientes umas para as outras. Desse modo, entendeu o contexto como algo que sempre muda, e a linguagem como elemento constitutivo da interação, cujos participantes são sócio-historicamente construídos. Tecnicamente, utilizou a unidade de sequência interacional (GREEN, 1983), para analisar os tópicos conversacionais e mapear os eventos interacionais observados.

A contribuição da pesquisa de Castanheira é inegável, especialmente, por mostrar a aprendizagem a partir de uma perspectiva contextual, construída por meio da linguagem e de práticas discursivas. Além disso, não se furtou a mostrar a aula como um texto composto por múltiplas vozes, perspectivas e dimensões discursivas, cujas variações, simultaneidades e multiplicidades podem ser utilizadas pelo professor como estratégias de negociação no desenvolvimento de atividades.

REFERÊNCIAS

GREEN, J. L. Teaching and learning as linguistic process: a state of the art. In: GORDON, E. (Ed.). **Review of research in education**, v. 10. Washington, DC.: American Educational Research Association, 1983.

GUMPERZ, J. Contextualization and understanding. In: DURANTI, A.; GOODWIN, C. (Eds.). **Rethinking context**: language as an interactive phenomenon. New York: Cambridge University Press, 1992. p. 229-253.

■ 4.21
RESUMO

Resumo "é a apresentação concisa dos pontos relevantes de um texto" (ABNT NBR 6028, 2003, p. 1). Com essa atividade, o aluno desenvolve as habilidades de leitura e produção objetivas, seleção de informações, síntese e respeito à propriedade intelectual, uma vez que a ideia original deve ser preservada e referenciada.

As orientações da norma da ABNT estão restritas ao resumo de textos científicos, não abordando, por exemplo, a síntese de romances, obras técnicas ou capítulos de livro. Entretanto, todas essas modalidades de resumo são muito solicitadas no meio escolar, sendo também efetivos modos de se construir uma documentação pessoal para fins de estudos.

Para alcançar o objetivo de sintetizar, o leitor deve fazer uma leitura analítica, destacando as ideias principais e voltando ao texto quantas vezes forem necessárias.

■ 4.21.1
Tipos de resumo

São três os tipos de resumo: descritivo, informativo e crítico. Além disso, há o resumo homotópico, utilizado na parte pré-textual dos textos científicos.

- **Resumo descritivo ou indicativo**: é a descrição da estrutura de uma obra por meio de tópicos. Apresenta-se em forma de um sumário com títulos, subtítulos; tópicos e subtópicos de um artigo, capítulo, livro etc. Tem o objetivo de proporcionar uma visão geral da organização do texto a ser resumido. Pode, também, informar brevemente o conteúdo de cada tópico, sem dispensar o leitor do resumo de consultar o texto-fonte.
- **Resumo informativo ou analítico**: é a informação do conteúdo da obra, por meio de parágrafos dissertativo-expositivos ou narrativos, escritos em terceira pessoa do singular e com verbos na voz ativa.

Se o texto for *técnico* ou *científico*, apresente o tema, os objetivos, a justificativa, os métodos, os resultados e as conclusões a que se chegou com a pesquisa.

Caso seja um *texto narrativo*, situe o leitor com relação aos elementos do texto, identificando: o fato, os personagens principais, o lugar e o tempo. Para sintetizar o enredo, mencione os seguintes pontos estruturais: a apresentação, o fato complicador, a complicação, o ápice da narrativa, o desfecho e a coda.

No caso de textos *dissertativo-argumentativos*, reconstrua a ideia central ou tese defendida pelo autor do texto, apresente os principais argumentos utilizados e as ideias conclusivas.

- **Resumo crítico**: é o tipo de resumo que, além de expor o conteúdo da obra, inclui uma avaliação dela, utilizando-se, também, da dissertação argumentativa. O autor do resumo avalia, portanto, a estrutura, a metodologia usada, a relevância do assunto, a linguagem utilizada, o alcance ou não dos objetivos.

■ 4.21.2
Estrutura do resumo

▶ Parte pré-textual

a) **Cabeçalho**: no alto da página, registra-se a referência completa da obra resumida, seguindo as normas da ABNT.

b) **Título**: centralizado, em caixa-alta, fonte 12 e em negrito; escreve-se a palavra RESUMO seguida do tipo de resumo que será feito. Ex.: RESUMO INFORMATIVO.

c) **Nome do autor**: é escrito em itálico com fonte 10 na margem direita da folha e com remissiva ao rodapé, a fim de esclarecer as credenciais do autor do resumo (formação e vínculo institucional).

▶ **Parte textual**

a) Se o resumo for descritivo, organiza-se o texto em tópicos, descrevendo, caso solicitado, os itens e partes que compõem a obra, podendo corresponder a uma espécie de sumário.

b) Se o resumo for informativo, faz-se uma abertura, apresentando ao leitor o texto que será lido, especialmente o título, a autoria e os objetivos. A partir daí, registram-se as ideias essenciais da obra. É fundamental a fidelidade às ideias do autor, cabendo, inclusive, citações livres ou textuais.

c) No resumo crítico, também é feita uma introdução, a fim de contextualizar o leitor sobre a obra que será resumida (título, autoria, objetivos...). Na sequência, avaliam-se os aspectos mencionados, destacando-se a importância da obra, o estilo do autor, a estrutura, a linguagem e a organização do texto. Nesse tipo de resumo, não há citação.

▶ **Parte pós-textual**

Normalmente, não existe. Mas, no caso do resumo crítico, se o autor do resumo fizer alguma consulta para realizar a análise, ela deve ser registrada como citação, no corpo do texto, e na lista de referências.

Figura 24 – Aspecto visual do resumo

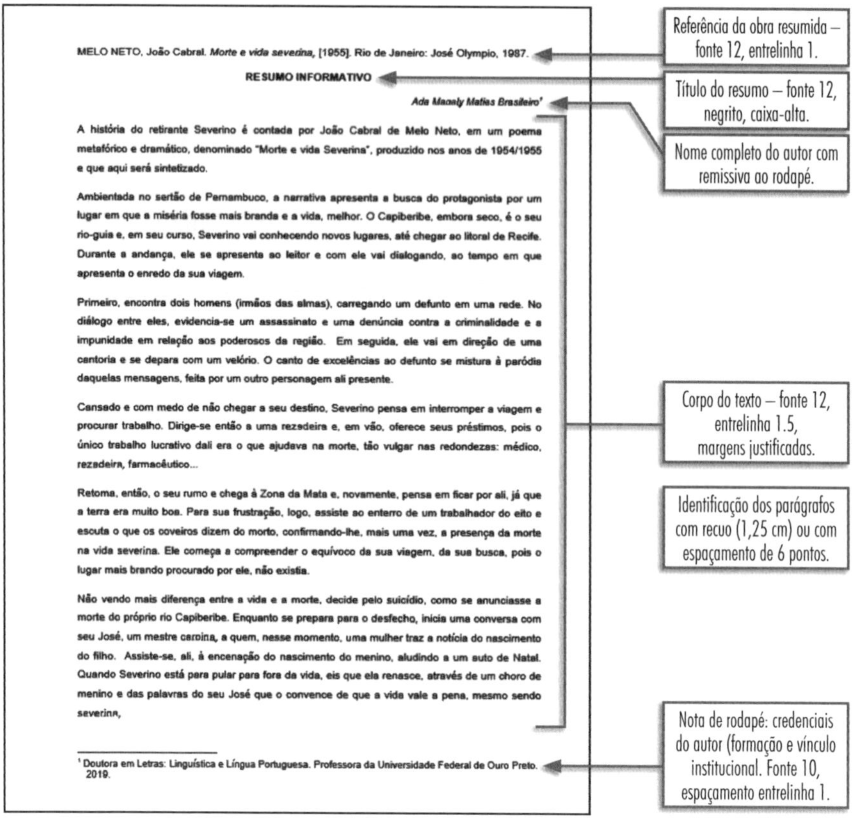

Fonte: Elaborada pela autora.

■ 4.21.3
Dicas para elaboração de um resumo

a) Leia todo o texto-fonte, a fim de identificar a sua estrutura geral, ou seja, a forma como ele foi organizado e suas partes ordenadas. Observe bem, pois há textos mal estruturados que dificultam a organização de um resumo.

b) Sublinhe as palavras-chave, para reconstruir a ideia central e o objetivo do autor com aquela produção.

c) Identifique as partes principais que compõem o desenvolvimento do texto.

242 ■ COMO PRODUZIR TEXTOS ACADÊMICOS E CIENTÍFICOS

d) Procure registrar as ideias que sustentam o texto, com a maior fidelidade e objetividade possível.

e) Procure lembrar o leitor da propriedade intelectual das ideias ali constantes. Ex.: "Tal fenômeno, *segundo o autor*, é recorrente na Língua Portuguesa".

f) Registre uma ideia por parágrafo, colocando, no início dele, a informação mais importante.

g) Percorra os índices dos capítulos, seções ou obras a serem resumidas. Os títulos e subtítulos fornecem a organização tópica do texto e, portanto, indiciam as suas proposições elementares.

Falando com o professor

Ao solicitar um resumo para seus alunos, não se esqueça de definir o tipo de resumo pretendido e o tamanho do texto esperado por você.

Caso o seu objetivo seja uma leitura crítica da obra por parte dos alunos, é melhor optar por uma resenha crítica. O resultado é bem mais proveitoso.

O resumo difere da resenha pela profundidade (a resenha é mais profunda) e pela abrangência (a resenha alcança outros tipos de obras, não apenas as escritas).

Ao selecionar um texto para ser resumido, atente-se para aqueles mal elaborados. Eles dificultam o trabalho do leitor, o que pode resultar em leituras equivocadas.

■ 4.21.4
Exemplo de resumo

EXEMPLO

MELO NETO, João Cabral de. *Morte e vida severina*. [1955]. Rio de Janeiro: José Olympio, 1987.

RESUMO INFORMATIVO

Ada Magaly Matias Brasileiro*

A história do retirante Severino é contada por João Cabral de Melo Neto, em um poema metafórico e dramático, denominado "Morte e vida Severina", produzido nos anos de 1954/1955 e que aqui será sintetizado.

Ambientada no sertão de Pernambuco, a narrativa apresenta a busca do protagonista por um lugar em que a miséria fosse mais branda e a vida, melhor. O Capiberibe, embora seco, é o seu rio-guia e, em seu curso, Severino vai conhecendo novos lugares, até chegar ao litoral de Recife. Durante a andança, ele se apresenta ao leitor e com ele vai dialogando, ao tempo em que apresenta o enredo da sua viagem.

Primeiro, encontra dois homens (irmãos das almas), carregando um defunto em uma rede. No diálogo entre eles, evidenciam-se um assassinato e uma denúncia contra a criminalidade e a impunidade em relação aos poderosos da região. Em seguida, ele vai em direção de uma cantoria e se depara com um velório. O canto de excelências ao defunto se mistura à paródia daquelas mensagens, feita por outro personagem ali presente.

Cansado e com medo de não chegar a seu destino, Severino pensa em interromper a viagem e procurar trabalho. Dirige-se então a uma rezadeira e, em vão, oferece seus préstimos, pois o único trabalho lucrativo dali era o que ajudava na morte, tão vulgar nas redondezas: médico, rezadeira, farmacêutico...

Retoma, então, o seu rumo e chega à Zona da Mata e, novamente, pensa em ficar por ali, já que a terra era muito boa. Para sua frustração, logo, assiste ao enterro de um trabalhador do eito e escuta o que os coveiros dizem do morto, confirmando-lhe, mais uma vez, a presença da morte na vida severina. Ele começa a compreender o equívoco da sua viagem, da sua busca, pois o lugar mais brando procurado por ele não existia.

Não vendo mais diferença entre a vida e a morte, decide pelo suicídio, como se anunciasse a morte do próprio rio Capiberibe. Enquanto se prepara para o desfecho, inicia uma conversa com seu José, um mestre carpina, a quem, nesse momento, uma mulher traz a notícia do nascimento do filho. Assiste-se, ali, à encenação do nascimento do menino, aludindo a um auto de Natal. Quando Severino está para pular para fora da vida, eis que ela renasce, através de um choro de menino e das palavras do seu José que o convence de que a vida vale a pena, mesmo sendo severina.

---

* Doutora em Estudos Linguísticos. Professora adjunta da Universidade Federal de Ouro Preto (Ufop), 2020.

■ 4.22
RESUMO EXPANDIDO

Nos eventos em que o tempo destinado às apresentações é mais restrito, tem sido frequente a solicitação, por parte dos organizadores, de um resumo expandido no lugar da tradicional comunicação. Com essa estratégia, eles agilizam tanto o processo de seleção dos trabalhos, quanto o tempo destinado às apresentações, possibilitando, assim, uma reserva temporal maior para arguição do pesquisador, debate e recomendações dos participantes, ações de grande valia para quem participa de congressos, seminários, simpósios e outros episódios científicos semelhantes.

O resumo expandido (ou estendido) é um documento que traz a síntese de uma pesquisa concluída ou em andamento. O seu conteúdo deve contemplar os mesmos tópicos apontados em um resumo homotópico (conferir a seção "Resumo homotópico"), apresentando, contudo, informações suficientes para que o auditório possa compreender o percurso da pesquisa e os seus resultados. Pelo fato de ainda não ter sido normalizado pela ABNT, a estrutura e a apresentação do texto são definidas e divulgadas pela organização de cada evento.

Diante das orientações fornecidas em vários eventos científicos, compilo, a seguir, o que tem sido convencionalmente solicitado.

■ 4.22.1
Formatação do resumo expandido

O texto é, normalmente, apresentado com:

a) Tamanho de fonte 12 para o texto e para o título, Arial ou Times New Roman.

b) Espaçamento de entrelinha simples.

c) Margens justificadas de 2,5 cm (todas) ou as convencionais da ABNT, de 3 cm superior e esquerda e 2 cm inferior e direita.

d) Formato da folha tamanho A-4.

e) Extensão variável; tem sido solicitado desde uma média de 500 palavras até 5 páginas, sendo que, neste último caso, incluem-se as referências bibliográficas e pode conter figura.

f) Páginas numeradas.

g) Título em letras maiúsculas e centralizado no alto da página.

h) Identificação do(s) autor(es) com nome(s) completo(s) em ordem alfabética, um espaço abaixo do título, destacado(s) em itálico e alinhado(s) à direita.

i) Credenciais do(s) autor(es) contendo instituição à qual se vincula(m), endereço eletrônico e orientador.

j) Tabelas e figuras, quando inseridas no texto, devem ser numeradas com algarismos arábicos, identificadas na parte superior da imagem e, na parte inferior, inserida a fonte de origem dos dados. Nessas informações, usa-se letra tamanho 10 o mais próximo possível da figura.

k) Referências, ao final do texto, quando forem solicitadas, seguindo as normas da ABNT NBR 6023/2002.

Quando o resumo é de cinco páginas, pede-se, também, o resumo homotópico (ver seção "Resumo homotópico") no início do texto. Nesse caso, após um espaço simples, registra-se a palavra RESUMO, centralizada e em caixa-alta, e, logo abaixo, escreve-se o texto com até 250 palavras, em apenas um parágrafo. Após o fecho, segue a expressão "Palavras-chave:" e, na mesma linha, são incluídas entre três e cinco expressões relacionadas ao tema da pesquisa, separadas por ponto e vírgula ou ponto-final e iniciadas por letras maiúsculas.

■ 4.22.2
Estrutura textual do resumo expandido

Como todo texto acadêmico, o resumo expandido possui partes pré-textuais, textuais e pós-textuais. Vamos a elas:

▶ **Parte pré-textual**

a) **Título** que expresse a delimitação do estudo.
b) **Autoria**, identificação do nome com as respectivas credenciais.
c) **Resumo**, seguido de palavras-chave, quando for solicitado.

▶ **Parte textual**

a) A **introdução** do texto deve apresentar o tema e sua contextualização nas realidades empírica e teórica, deixando claros o problema da pesquisa, os objetivos propostos e os argumentos de justificativa para esse investimento intelectual. Caso haja hipótese, esta deve ser informada também.

b) O **desenvolvimento** deve conter uma breve revisão de literatura, em que se apresentam as principais concepções teóricas que sustentam o estudo, bem como a base da metodologia científica utilizada, de modo conciso e claro. Ainda no desenvolvimento, apresentam-se os resultados e as discussões dos dados obtidos até o momento, podendo conter tabelas ou figuras com as devidas interpretações em contraponto com a base teórica construída e outros trabalhos relevantes na área.

Caso seja do interesse do pesquisador, embora se trate de um resumo, essa parte do texto pode ser dividida em seções quando o que for solicitado for algo em torno de cinco páginas. Assim, o autor pode dividir o desenvolvimento em base teórica, metodologia e apresentação e discussão dos dados.

c) A **conclusão** do resumo deve apresentar os resultados parciais e finais da pesquisa, com base na delimitação e nos objetivos propostos. Se houver hipótese de trabalho, esse é o espaço oportuno para avaliá-la.

É recomendável, na medida do possível permitido pelo texto e pelo contexto de produção, o uso do verbo na voz ativa, no presente e na 3ª pessoa do singular, preferindo a construção de frases curtas e na ordem direta. Assim, em vez de dizer, por exemplo:

"Esta pesquisa foi realizada com base no objetivo de esclarecer os posicionamentos discursivos dos docentes..."

Diga:

"O objetivo desta pesquisa é esclarecer os posicionamentos discursivos dos docentes..."

É recomendável, também, omitir descrições e detalhes mais específicos, informações de ordem institucional, enfim, o que for de pouca relevância para o momento.

► **Parte pós-textual**

Na parte pós-textual do resumo expandido, logo após as conclusões, pode-se incluir uma frase sintética de agradecimento a órgãos que concederam bolsas, por exemplo, a instituições e pessoas que contribuíram para o projeto. Em seguida, relacionam-se as referências utilizadas no estudo, seguindo as orientações da ABNT NBR 6023/2018, sendo listados apenas os trabalhos mencionados no texto.

4.22.3
Exemplo de resumo expandido

Este é um resumo de 500 palavras.

Figura 25 – Aspecto visual do resumo expandido

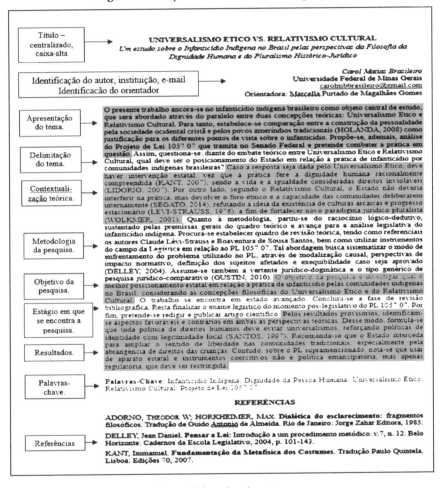

Fonte: Elaborada pela autora.

■ 4.23
RESUMO HOMOTÓPICO

É um resumo informativo que compõe a parte pré-textual de trabalhos científicos, tais como artigos, relatórios, monografias, dissertações e teses, revelando a sua essência. Esse texto, escrito em apenas um parágrafo, cumpre as funções de divulgar a pesquisa realizada e de facilitar a seleção bibliográfica de outros pesquisadores do mesmo tema.

Ao proceder a essa atividade, o autor desenvolve: a produção objetiva, a identificação das informações relevantes para o estudo e a síntese de um trabalho extenso.

A ABNT NBR 6028 (2003) estabelece a normalização do resumo homotópico e preconiza que nele devam ser ressaltados: tema, justificativa, objetivo, método, resultados e conclusões do estudo.

■ 4.23.1
Estrutura do resumo homotópico

a) No alto da página, escreve-se a palavra RESUMO, centralizada, em caixa-alta, negrito, com fonte 12.

b) Digita-se o texto, com as duas margens justificadas. Em caso de artigo científico, usa-se entrelinha 1,0.

c) Dê espaço duplo e registre o termo PALAVRAS-CHAVE, seguido de dois-pontos.

d) Registram-se até cinco palavras ou expressões que melhor traduzam o assunto do texto, separadas por ponto, finalizadas por ponto e iniciadas por letras maiúsculas.

Figura 26 – Aspecto visual do resumo homotópico

RESUMO

Nos processos do letramento acadêmico, o desenvolvimento da escrita é essencial na inserção dos alunos nas práticas da universidade, sendo habilidade essencial à produção e à difusão do conhecimento científico. Inserido nesse universo temático, este artigo visa fazer um levantamento sobre as práticas didáticas efetivas realizadas por professores no processo de desenvolvimento da escrita acadêmica de alunos em nível de graduação. No campo teórico, o estudo se compromete com a perspectiva de letramento como prática de linguagem, social e interativa. Para a pesquisa de campo, foram aplicados questionários exploratórios com abordagem qualiquantitativa a graduandos de Letras, Pedagogia e Comunicação. Os resultados mostraram que os estudantes avaliam, como mais efetivas, as práticas didáticas constituídas de interações individuais e voltadas para a construção do conteúdo temático do gênero em aprendizagem.

PALAVRAS-CHAVE: Escrita Acadêmica. Letramento Acadêmico. Práticas Didáticas Efetivas. Didática da Escrita.

- Título do resumo: fonte 12, negrito, caixa-alta.
- Corpo do resumo: fonte 12, entrelinha 1 para artigo ou 1,5, para outros trabalhos.
- Palavras-chave: até 5 palavras ou expressões, separadas por ponto ou ponto e vírgula e iniciadas por letra maiúscula.

Fonte: Elaborada pela autora.

▶ **Extensão do resumo**

De 150 a 500 palavras – para resumos de teses, dissertações e relatórios técnico-científicos.

De 100 a 250 palavras – para artigos de periódicos.

De 50 a 100 palavras – para indicações breves.

4.23.2
Dicas para elaboração do resumo homotópico

a) O resumo deve ser composto de uma sequência de frases concisas e afirmativas.

b) O texto deve ser elaborado em único parágrafo e não deve ser usada a enumeração em sua estrutura.

c) A primeira frase deve ser significativa e explicar o tema principal do trabalho.

d) O gênero textual que será apresentado (monografia, artigo, memória etc.) deve ser informado ainda no início do resumo.

e) Os verbos devem aparecer na voz ativa e, preferencialmente, no presente do indicativo e na terceira pessoa do singular.

f) Símbolos, contrações, fórmulas, diagramas, equações etc. devem ser usados apenas se extremamente imprescindíveis.

> **Dicas para o autor do resumo**
>
> Várias instituições têm assumido a subjetividade no discurso científico, adotando o uso da primeira pessoa do singular ou do plural na redação. Nesse caso, toma-se o cuidado para não afetar o discurso com julgamentos ou apreciações dos dados científicos.
>
> Outra dica: ao concluir o seu texto, releia-o, verificando se você consegue identificar claramente as informações dele esperadas. Seja simples!

■ 4.23.3
Exemplo de resumo homotópico

EXEMPLO

RESUMO

O ramo hoteleiro da região do Vale do Aço (MG) carece de informações acerca do negócio, a fim de realizar planejamentos estratégicos mais eficazes e, consequentemente, promover o desenvolvimento do setor. Ciente dessa carência, nesta monografia, apresenta-se uma pesquisa realizada com o objetivo de evidenciar o turismo predominante no Vale do Aço e de conhecer as principais estratégias de *marketing* utilizadas pelos hotéis da região. Trata-se de uma investigação de cunho qualiquantitativo, nas três principais cidades do Vale (Ipatinga, Coronel Fabriciano e Timóteo), que se justifica por fornecer informações relevantes aos gestores que atuam no setor. A amostra foi composta por 10 hotéis, representados por seus administradores, a quem foi aplicado um questionário entre os dias 15 e 25/04/2020. Após a compilação e análise dos dados, observou-se que o turismo predominante do Vale do Aço é o de negócios. Quanto às formas de divulgação, 75% dos estabelecimentos investem no patrocínio de eventos, guias de turismo e *folders*. Tais dados subsidiarão a tomada de decisão dos gestores de hotéis.

PALAVRAS-CHAVE: *Marketing*. Rede Hoteleira. Turismo.

■ 4.24
TESE

Para a ABNT, a tese é um:

> Documento que apresenta o resultado de um trabalho experimental ou exposição de um estudo científico de tema único e bem delimitado. Deve ser elaborado com base em investigação original, constituindo-se em real contribuição para a especialidade em questão. É feito sob a coordenação de um orientador (doutor) e visa à obtenção do título de doutor ou similar. (ABNT NBR, 14724, 2011, p. 8)

O que se destaca com relação a esse conceito são as características de originalidade e contribuição proporcionada pela pesquisa. Essa concepção está fundamentada pelo Parecer Federal 977 (1965), que preconiza:

> Art. 2º
>
> [...]
>
> § 2º A elaboração de uma tese constitui exigência para obtenção de grau de "Doutor".
>
> [...]
>
> Art. 10
>
> A tese de doutorado deverá ser elaborada com base em investigação original, devendo representar trabalho de real contribuição para o tema escolhido. (BRASIL, 1965)

Uma tese de doutoramento (*PhD thesis*, inglês; *tesis de doctorado*, espanhol) é, pois, um trabalho científico original que apresenta uma reflexão aprofundada sobre um tema específico, cujo resultado constitui uma contribuição valiosa e única para o conhecimento da matéria tratada. Do grego *thésis*, "*ato* de pôr", é a defesa de um argumento que se espera ser objeto de refutação.

Esse é o sentido original que ainda preside ao espírito de uma tese escrita para obtenção do grau de doutor, livre-docente ou professor titular. O texto apresenta um trabalho original de pesquisa, demonstrando avanço na área de estudo a que se dedica e, geralmente, é defendido perante uma comissão composta por cinco ou mais doutores.

Cabe, aqui, um parêntese sobre a acepção do termo *originalidade*. Pela própria etimologia, originalidade significa "volta às fontes", ou seja, um retorno à origem, à essência, à verdade. Isso implica dizer que a relação que se faz entre originalidade e novidade é equivocada, visto que a ciência avança à medida que acumula dados, ou seja, ao menos no ponto de partida, uma pesquisa tomará conceitos já estudados por outros pesquisadores.

■ 4.24.1
Enfoques da tese

Os mesmos enfoques tratados na dissertação de mestrado, teórico, empírico, filosófico e crítico, podem ser adotados em uma tese de doutoramento, sendo capazes de deflagrar trabalhos de pesquisas originais (ver seção 4.4, "Dissertação").

Considerando a exigência de que esse trabalho científico traga contribuição e algum grau de inovação, espera-se que a tese seja capaz de contribuir apresentando ou ampliando conceitos, questionando paradigmas, trazendo à tona novas descobertas, revelando resultado de experiências, propondo novas e fundamentais questões para o campo. É necessário, portanto, assumir o caráter dissertativo-argumentativo do texto e, mesmo comprometido com as características próprias da linguagem científica, o pesquisador não deve se eximir de assumir determinados preceitos, fundamentados em dados, fatos ou argumentos lógicos, possibilitando ao leitor ouvir a voz do doutorando.

■ 4.24.2
Estrutura da tese

Seguindo os preceitos da ABNT NBR 14724, a tese apresenta todos os elementos de um trabalho científico rigoroso.

Quadro 21 – Estrutura da tese

PARTE	ELEMENTOS		USO
Externa	Capa		Obrigatório
	Lombada		Opcional
Interna	Pré-textuais	Folha de rosto	Obrigatório
		Errata	Opcional
		Folha de aprovação	Obrigatório
		Dedicatória	Opcional
		Agradecimentos	Opcional
		Epígrafe	Opcional
		Resumo na língua vernácula	Obrigatório
		Resumo em língua estrangeira	Obrigatório
		Lista de ilustrações	Opcional
		Lista de tabelas	Opcional
		Lista de abreviaturas e siglas	Opcional
		Lista de símbolos	Opcional
		Sumário	Obrigatório
	Textuais	Introdução	Obrigatório
		Desenvolvimento	Obrigatório
		Considerações finais	Obrigatório
	Pós-textuais	Referências	Obrigatório
		Glossário	Opcional
		Apêndice	Opcional
		Anexo	Opcional
		Índice	Opcional

Fonte: ABNT NBR 14724 (2011).

4.24.2.1
ORGANIZAÇÃO TEXTUAL DA TESE

A tese é composta pela introdução, pelo desenvolvimento e pela conclusão, divididos em seções, que sofrem variações, dependendo das normas institucionais e da abordagem que está sendo elaborada. Seus itens basilares são: revisão de literatura, metodologia utilizada, rigor na argumentação com apresentação de provas, profundidade de ideias e avanço dos estudos na área. A tese deve revelar a capacidade do pesquisador de sistematizar o conhecimento, fornecendo uma descoberta para a ciência.

Considerando que o nível de alterações é bastante significativo, detenho-me a apontar o teor das três grandes partes do trabalho:

a) **Introdução**: nessa parte inicial do texto, o autor buscará as informações básicas da pesquisa, para direcionar sua leitura. São elas: a contextualização e a delimitação do tema, os objetivos geral e específicos, os motivos que justificam o investimento na pesquisa, a hipótese (se houver) com a qual se opera, uma rápida menção ao método e a definição do modo como o texto será organizado.

b) **Desenvolvimento**: trata-se de um diálogo teórico com outros estudiosos da questão, no qual a voz do pesquisador sobressai, articulando as demais vozes do texto, assumindo posicionamentos conceituais e metodológicos, refutando ideias e acrescentando outras. Além disso, espera-se nessa parte do texto a descrição metodológica da pesquisa e do percurso vivido. Por fim, se houver dados empíricos, primários ou secundários, devem ser apresentados e analisados.

c) **Considerações finais**: na parte final da tese, espera-se encontrar uma voz explicativa e avaliativa que traga à tona: a resposta para a pergunta proposta e para cada um dos objetivos; a avaliação da hipótese e das justificativas iniciais do trabalho; as recomendações consideradas úteis para o encaminhamento da questão.

4.24.2.2
DIFERENÇAS ENTRE DISSERTAÇÃO E TESE

De acordo com a legislação em vigor e respeitando disposições internacionais, entende-se, para uniformização da terminologia científica, que um trabalho de investigação para obtenção do grau de mestre se designa por *dissertação*, e a um trabalho para obtenção do grau de doutor reserva-se a designação de *tese*.

As diferenças entre os dois trabalhos são, portanto, de natureza formal e de conteúdo: espera-se de uma dissertação de mestrado que seja um trabalho mais breve do que uma tese de doutorado. Esta última exige maior rigor da investigação, devendo o redator conhecer a bibliografia disponível sobre o assunto tratado com profundidade, ser capaz de aplicá-la e de introduzir novos elementos no campo científico inquirido.

Como o objetivo principal de uma tese de doutorado é o de formar um especialista num determinado assunto, o candidato deve assumir, desde logo, que a necessidade de atualização é muito maior num programa de doutorado do que num de mestrado.

Assim, as provas públicas de uma tese de doutorado são, naturalmente, mais exigentes, obrigando o candidato a provar oralmente que é capaz de dissertar sobre todas as questões relacionadas com a matéria que escolheu para a sua tese, a começar pela composição da banca cujo mínimo de três componentes, no mestrado, passa para cinco, no doutorado. Na composição da banca de doutorado também são exigidos, no mínimo, dois membros não vinculados à instituição, e para o mestrado, apenas um. À banca não devem restar dúvidas sobre o elevado grau de especialização alcançado pelo doutorando.

Todos os orientadores de teses e dissertações têm uma filosofia própria de acompanhamento do processo de investigação, mas existem alguns princípios gerais que são internacionalmente reconhecidos em qualquer área científica. Em regra, o arguente de uma tese espera que o pesquisador tenha:

a) identificado claramente o objetivo da tese;

b) escolhido um tema relevante para o conhecimento;

c) escolhido um tema original nunca antes tratado;

d) se convencido de que a questão investigada foi devidamente tratada;

e) apresentado argumentos cientificamente fundamentados;

f) realizado um percurso sério, assegurado em opções metodológicas adequadas às especificidades da pesquisa.

■ 4.25
TEXTO DISSERTATIVO-ARGUMENTATIVO

Tempos atrás, as aulas de Português tinham como elementos das atividades de produção de texto os três tipos textuais mais comuns: a descrição, a narração e a dissertação. A partir do compromisso dos estudos discursivos com a vertente sociointeracionista, passamos a enxergar o texto como uma atividade social, e o gênero textual, aquele construto socialmente circulável, como o objeto a ser trabalhado em nossas aulas.

Digo isso para distinguir a abordagem tradicional da sociointeracionista discursiva e para localizar o texto dissertativo que aqui vamos trabalhar como um gênero textual que circula, especialmente, na esfera escolar. O texto dissertativo é, portanto, nessa perspectiva, um gênero textual escolar que se organiza em torno de uma ideia e tem como objetivo contribuir para o desenvolvimento das habilidades de argumentação e raciocínio lógico. Por esse motivo, ele também é muito cobrado em situações de concursos e vestibulares.

São dois os tipos de textos dissertativos: o expositivo e o argumentativo. No texto dissertativo-expositivo, o autor aborda uma ideia de maneira a não defender posicionamentos, restringindo-se à exposição, à explicação. Já no texto dissertativo-argumentativo, a construção ocorre em torno da defesa de uma tese, no intuito de persuadir o leitor por meio de argumentos e estratégias argumentativas capazes de comprovar tal posicionamento. Neste último, focaliza-se nosso interesse.

■ 4.25.1
Características textuais e discursivas

A macroestrutura de um texto dissertativo-argumentativo contempla introdução, desenvolvimento e conclusão, cuja construção dependerá da demanda do tema e do raciocínio lógico adotado pelo autor do texto.

Caso o autor queira apresentar a sua tese logo no início do texto, o raciocínio será dedutivo, sendo organizado do geral (a tese) para o particular (cada um dos argumentos utilizados posteriormente). Esse é o raciocínio mais usado e cobrado, explicitamente, no Exame Nacional do Ensino Médio (Enem), por exemplo.

Por outro lado, o autor pode também apresentar o tema, contextualizar a problemática, fazer a exposição dos argumentos até chegar à conclusão, que é a tese defendida. Este tipo de raciocínio é o indutivo, particularmente, mais difícil de construir, contudo costuma ser mais efetivo na função de persuadir o leitor.

Ainda no que diz respeito aos modos de organização de um texto dissertativo-argumentativo, o acadêmico deve estar atento ao fato de que, dependendo do objetivo do texto, é possível arquitetá-lo de diversos modos: por causa e consequência, por enumeração, por comparação ou contraste, por tempo ou espaço, por exemplificação ou por explicitação.

- A **enumeração** é utilizada quando o objetivo do autor do texto é expor, enumerar vários fatores relacionados a um mesmo tema, indicando características, funções, processos, situações, sempre fortalecendo a tese defendida. Nesse caso, a tese é apresentada no início do texto, juntamente aos fatores a ela relacionadas. Pode-se, por exemplo, afirmar que a qualidade da educação depende, especialmente, de três fatores, anunciando-os. A partir daí, em cada parágrafo, se explicita um dos fatores, conduzindo o leitor à ideia da enumeração com articuladores adequados: o primeiro deles trata-se de... na sequência... por último.

- A **comparação ou contraste** é uma estratégia a ser utilizada quando o objetivo do autor é desenvolver uma comparação ou confrontar posicionamentos diferentes em um tema normalmente polêmico. O autor apresenta as semelhanças e diferenças, no caso da comparação; ou evidencia os posicionamentos contrários e favoráveis a determinado assunto, conduzindo a sua tese para o final do texto, em um raciocínio indutivo.

- A organização textual por **causa e consequência** é aquela adotada nas redações do Enem. O autor apresenta o tema, o problema e a tese a ser desenvolvida em uma frase núcleo. Na sequência, passa a apresentar as causas do problema. Dando prosseguimento, indica as consequências desse problema e, como conclusão, apresenta alguns modos de intervenção e resolução do problema, sinalizando, objetivamente, quem fará o quê para resolver a situação.

- O raciocínio organizado por meio do **tempo e do espaço** ocorre quando o objetivo do texto é focalizar um problema cronologicamente, a evolução de determinada intercorrência, por exemplo, ou focalizá-lo em espaços diferentes, marcando tipicidades, semelhanças e diferenças.

- A estratégia da **explicitação** é utilizada quando se pretende com a dissertação esclarecer determinado fenômeno ou ideia. A tese, nesse caso, pode ser apresentada tanto na introdução (com raciocínio dedutivo) quanto na conclusão (conduzindo o leitor a construir com o autor, em raciocínio indutivo). Para aclarar uma ideia, o autor busca conceituar, exemplificar, esclarecer de formas diferentes etc.

- O raciocínio por meio da **exemplificação** é utilizado quando um ou mais exemplos são fortes o suficiente para comprovar a tese defendida. Quando o autor se utilizar de apenas um exemplo, é necessário dissecá-lo, mostrando as evidências do caso; quando optar por mais exemplos, é importante usar a estratégia da enumeração destes e apresentá-los de modo organizado.

Figura 27 – Esquema de texto dissertativo-argumentativo

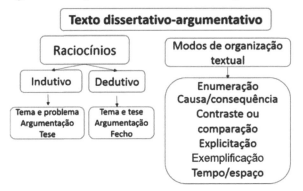

Fonte: Elaborado pela autora.

■ 4.25.2
Exemplo de texto dissertativo-argumentativo

EXEMPLO

A subversão dos valores

No processo de democratização brasileira, nunca a discussão sobre os valores honestidade e corrupção alcançou tamanha evidência como no momento atual.[1] A conjuntura política ganhou as páginas jornalísticas, as conversas em redes sociais eletrônicas, os espaços familiares e impôs a todos os brasileiros a questão de ordem: qual o limite entre a corrupção e a honestidade?[2] O fato é que a crise enfatizou uma verdade que já sabíamos, mas não queríamos admitir: a subversão de valores não é apenas o problema do outro.[3]

Uma breve análise é suficiente para trazer os fatos à tona e esclarecer o dito. Acostumamo-nos a cunhar as atitudes como certas ou erradas; e as pessoas como boas ou más, tomando como referências os nossos valores. Entretanto, essa visão nebulosa e dicotômica impede que vejamos os fatos, com clareza, quando as ações partem de nós mesmos. Somos capazes, então, de levantar a bandeira e protestar contra a corrupção, mas incapazes de assumir que furar a fila, levar vantagem ao sonegar impostos, carregar material do escritório para casa, parar na vaga para deficiente ou colar em uma prova são atos desonestos, são também microcorrupções.

Assim, em uma atitude hipócrita, ficamos estarrecidos quando ouvimos notícias de desonestidades alheias, apoiados em uma lógica incompreensível de valores subvertidos que possuem dois pesos e duas medidas, a depender de quem pratica a ação. Se sou eu, estou sendo honesto, pois sou pessoa de bem. Se é o outro, é corrupto, pois teve má-fé. Pensando dessa forma, o indivíduo poderá extrapolar essa ação para outras esferas, inclusive a social e política, certo de que age dentro de princípios aceitáveis.[4]

Se a corrupção começa na instância individual, urge que direcionemos o olhar crítico para nós mesmos, antes que o endereçemos ao outro. Para isso, a escola, a família e as instituições religiosas precisam criar situações em que as atitudes nossas do dia a dia sejam problematizadas e que consigamos compreender, a partir delas, os valores que tomamos como referência. Assim, poderemos agir com mais consciência sobre os resultados pretendidos e favorecer a convivência e a justiça social.[5]

No texto colocado como exemplo, identificamos:

1. A frase que informa o tema do texto dissertativo-argumentativo.
2. O trecho em que o tema é problematizado.
3. A frase que traz a tese do texto (a partir daí, procura-se explicitar, esclarecer a tese, construindo um texto por explicitação. Se a tese foi colocada no início do texto, temos um raciocínio lógico-dedutivo).
4. A argumentação que fortalece a tese e tenta persuadir o leitor.
5. A conclusão do texto, apresentando um modo de amenizar o problema, além dos responsáveis por fazê-lo.

■ 4.26
TRABALHO ACADÊMICO SIMPLES

Os trabalhos acadêmicos são formas de comunicação que proporcionam troca de informação entre pesquisadores ou entre professores e alunos. Assim, todos os trabalhos tratados neste livro são produções acadêmicas.

Cientes de que, na sala de aula, é comum que os professores solicitem trabalhos rotineiros mais simples, a fim de documentar o resultado de um estudo ou expressar conhecimento sobre o assunto escolhido, abrimos espaço, aqui, para esses tipos de trabalho. Referimo-nos àquelas propostas originadas de uma pergunta para a qual o aluno deverá fazer uma breve pesquisa e produzir um texto, um estudo dirigido, um simples levantamento bibliográfico, ou ainda os trabalhos para os quais os professores fornecem roteiros elaborados por eles.

No ambiente acadêmico, todo e qualquer trabalho, por mais simples que possa parecer, deve ser documentado e apresentado em formato institucional.

■ 4.26.1
Estrutura de um trabalho acadêmico simples

Um trabalho acadêmico deve apresentar, minimamente, as seguintes partes:

▶ **Parte pré-textual**

a) **Folha de rosto**: seguindo o padrão fornecido pela instituição.
b) **Sumário**.

▶ **Parte textual**

a) **Introdução**: informando ao leitor do que se trata o trabalho, o objetivo da produção e o método de elaboração, ou seja, como foi feito.
b) **Desenvolvimento**: é o conteúdo solicitado pelo professor. Se foi fornecido um roteiro para ser respondido, por exemplo, nesse espaço, insere-se o roteiro com as respectivas respostas.
c) **Conclusão**: faz-se uma avaliação do trabalho, focalizando o alcance ou não dos objetivos propostos.

▶ **Parte pós-textual**

a) **Referências**: em ordem alfabética.
b) **Anexos e apêndices**: caso existam.

■ 4.26.2
Formatação do trabalho acadêmico simples

Quadro 22 – Partes e especificações de um trabalho acadêmico simples

PARTE DO TEXTO	ESPECIFICAÇÕES
Folha de rosto	Segue o padrão fornecido pela instituição.
Títulos	Fonte 12, negrito, caixa-alta, alinhados à esquerda. Saltar um espaço simples entre os títulos e o texto.
O corpo do texto	Fonte 12, entrelinha 1,5, margens justificadas. Saltar um espaço simples entre os parágrafos ou dar um recuo de 2 cm.
Citações	Direta curta: entre aspas, mesma fonte do texto. Informar fonte completa (AUTOR, ano, p.). Direta longa: separada do texto por um espaço simples (antes e depois), recuo de 4 cm, fonte 10, entrelinha 1. Informar fonte completa (AUTOR, ano, p.). Indireta: no corpo do texto, normalmente. Informar fonte antes ou depois da citação (AUTOR, ano).
Ilustrações	Identificar, na parte superior, com o tipo de ilustração, o número e o nome. Na parte inferior, informar a fonte (AUTOR, ano, p.).
Referências	Título: caixa-alta, centralizado, negrito, fonte 12. Saltar um espaço simples. Referências: entrelinha 1, fonte 12, conforme a ABNT NBR 6023/2018. Saltar um espaço simples entre cada referência.
Nota de rodapé	Fonte 10, entrelinha 1, da segunda linha em diante, alinhar à primeira linha.

Fonte: Elaborado pela autora.

■ 4.27
TRABALHO DE CONCLUSÃO
DE CURSO (TCC)

O trabalho de conclusão de curso (TCC) possui, na estrutura curricular brasileira para o ensino superior, um papel de destaque, sendo definido pela ABNT NBR 14724 como um:

> Documento que apresenta o resultado de estudo, devendo expressar conhecimento do assunto escolhido, que deve ser obrigatoriamente emanado da disciplina, módulo, estudo independente, curso, programa e outros ministrados. Deve ser feito sob a coordenação de um orientador. (ABNT NBR, 14724, 2011, p. 8).

São assim considerados os trabalhos de conclusão de curso de graduação, os trabalhos de graduação interdisciplinar, os trabalhos de conclusão de curso de especialização e/ou aperfeiçoamento utilizados, no ensino superior, como forma de avaliação final dos estudantes, que contemplem a diversidade dos aspectos de sua formação universitária. Desse modo, genericamente, chamam-se de TCC os vários gêneros acadêmico-científicos, elaborados na conclusão de cursos de graduação e pós-graduação *lato* e *stricto sensu,* como: relatório técnico-científico, projetos de pesquisa e de aplicação, monografia, artigo, memorial, dissertação, tese etc.

O escopo e o formato do TCC, assim como o gênero escolhido para o relatório, variam entre os diversos cursos, instituições e áreas científicas. Mas, normalmente, as monografias e os artigos são mais solicitados nos finais de curso de graduação e nas pós-graduações *lato sensu*; os relatórios, em cursos de caráter profissionalizante; os memoriais, em cursos de formação docente; as dissertações, nos mestrados; e as teses, nos doutorados.

Em virtude disso, ciente do gênero textual adotado pela instituição à qual o leitor deste livro se vincula, ele deverá procurar as orientações específicas neste manual, associando-as às definições institucionais.

■ Referências

ALVES-MAZZOTTI, Alda Judith. Usos e abusos dos estudos de caso. **Cadernos de Pesquisa**, v. 36,n. 129, p. 637-651, set./dez. 2006. Disponível em: http://www.scielo.br/pdf/cp/v36n129/a0736129.pdf. Acesso em: 20 jun. 2016.

ASSIS, Juliana Alves. Ações do professor e do universitário nas práticas de ensino e de aprendizagem da escrita acadêmica: o papel da avaliação e da reescrita no processo de apropriação do gênero resenha. **Eutomia**, Recife, v. 13, n. 1, p. 543-561, jul. 2014.

ASSOCIAÇÃO BRASILEIRA DE NORMAS TÉCNICAS. **NBR 6032**: Informação e documentação: abreviação de títulos de periódicos e publicações seriadas. Rio de Janeiro, 1989.

ASSOCIAÇÃO BRASILEIRA DE NORMAS TÉCNICAS. **NBR 10520**: Informação e documentação: citações em documentos. Rio de Janeiro, 2002.

ASSOCIAÇÃO BRASILEIRA DE NORMAS TÉCNICAS. **NBR 6028**: Informação e documentação: resumo. Rio de Janeiro, 2003.

ASSOCIAÇÃO BRASILEIRA DE NORMAS TÉCNICAS. **NBR 12225**: Informação e documentação: lombada. Rio de Janeiro, 2004.

ASSOCIAÇÃO BRASILEIRA DE NORMAS TÉCNICAS. **NBR ISO 2108**: Número Padrão Internacional de Livro (ISBN). Rio de Janeiro, 2006.

ASSOCIAÇÃO BRASILEIRA DE NORMAS TÉCNICAS. **NBR 14724**: Informação e documentação: princípios gerais para a elaboração de trabalhos acadêmicos. Rio de Janeiro, 2011.

ASSOCIAÇÃO BRASILEIRA DE NORMAS TÉCNICAS. **NBR 15287**: Informação e documentação: princípios gerais para apresentação de projetos de pesquisa. Rio de Janeiro, 2011.

ASSOCIAÇÃO BRASILEIRA DE NORMAS TÉCNICAS. **NBR 6021**: Informação e documentação: publicação periódica científica impressa. Rio de Janeiro, 2015.

ASSOCIAÇÃO BRASILEIRA DE NORMAS TÉCNICAS. **NBR 6025**: Informação e documentação: revisão de originais e provas. Rio de Janeiro, 2015.

ASSOCIAÇÃO BRASILEIRA DE NORMAS TÉCNICAS. **NBR 15437**: Informação e documentação: pôsteres técnicos e científicos – apresentação. Rio de Janeiro, 2015.

ASSOCIAÇÃO BRASILEIRA DE NORMAS TÉCNICAS. **NBR 10719**: Informação e documentação: relatório técnico e/ou científico. Rio de Janeiro, 2015.

ASSOCIAÇÃO BRASILEIRA DE NORMAS TÉCNICAS. **NBR 6027**: Informação e documentação: sumário. Rio de Janeiro, 2016.

ASSOCIAÇÃO BRASILEIRA DE NORMAS TÉCNICAS. **NBR 6024**: Informação e documentação: numeração progressiva das seções de um documento. Rio de Janeiro, 2016.

ASSOCIAÇÃO BRASILEIRA DE NORMAS TÉCNICAS. **NBR 6022**: Informação e documentação: artigo em publicação periódica científica impressa. Rio de Janeiro, 2018.

ASSOCIAÇÃO BRASILEIRA DE NORMAS TÉCNICAS. **NBR 6023**: Informação e documentação: referências. Rio de Janeiro, 2018.

BABBIE, Earl. **Métodos de pesquisa de survey.** Tradução de Guilherme Cezarino. Belo Horizonte: Ed. UFMG, 1999.

BACON, F. **Novum organum**. Tradução e notas de José Aluysio Reis de Andrade. São Paulo: Nova Cultural, 2000. (Coleção Os Pensadores). Disponível em: http://www.psb40.org.br/bib/b12.pdf. Acesso em: 20 jun. 2016.

BAKHTIN, Mikhail. **Estética da criação verbal**. Tradução de Paulo Bezerra. 6. ed. São Paulo: Martins Fontes, 2011.

BRANDÃO, Helena Negamine. **Introdução à análise do discurso.** 7. ed. Campinas: Editora da Unicamp, s.d.

BRASIL. Conselho de Ensino Superior/MEC. **Parecer nº 977/65**. Definição dos cursos de pós-graduação. Brasília, DF, 1965. Disponível em: https://www.gov.br/capes/pt-br/centrais-de-conteudo/parecer-cesu-977-1965-pdf/view. Acesso em: 09 dez. 2020.

BRASILEIRO, Ada Magaly Matias. A autoconfrontação simples aplicada à formação de docentes em situação de trabalho. **Scripta** 28, v. 15, 1º sem. 2011.

BRASILEIRO, Ada Magaly Matias. **A emoção na sala de aula**: impactos na interação professor/aluno/objeto de ensino. 2012, 277f. Tese (Doutorado em Letras – Linguística e Língua Portuguesa) – PUC Minas, Belo Horizonte, 23 mar. 2012.

BRASILEIRO, Ana Clara Matias. **Meio ambiente do trabalho**. UFMG, 2020. Mapa Conceitual.

BUNGE, M. **La investigación científica**: su estrategia y su filosofía. Tradução de Manuel Sacristan. 2. ed. Barcelona: Ariel, 1983.

BURKE, Kenneth. **The philosophy of literary form**: studies in symbolic action. 3. ed. New York: Vintage, 1941. p. 253-262.

CASTANHEIRA, M. L. **Aprendizagem contextualizada**: discurso e inclusão na sala de aula. 2. ed. Belo Horizonte: Ceale; Autêntica, 2010.

CHARAUDEAU, Patrick. **Linguagem e discurso**: modos de organização. São Paulo: Contexto, 2009.

CHAUI, Marilena. Apresentação: os trabalhos da memória. *In*: BOSI, E. **Memória e sociedade**: lembranças de velhos. São Paulo: Companhia das Letras, 1987.

CLOT, Yves *et al*. Clínica do trabalho, clínica do real. Tradução de Kátia Santorum e Suyanna Linhales Barker. **Le journal des psychologues**, nº 185, mars, 2001.

COMTE, A. **Curso de filosofia positiva**. Tradução de José Arthur Giannotti. São Paulo: Abril Cultural, 1978. (Coleção Os pensadores.)

DELCAMBRE, Isabelle; LAHANIER-REUTER, Dominique. Discurso de outrem e letramentos universitários. *In*: RINCK, Fanny; BOCH, Françoise; ASSIS, Juliana Alves (org.). **Letramento e formação universitária**: formar para a escrita e pela escrita. Campinas: Mercado de Letras, 2015.

DELCAMBRE, I.; LAHANIER-REUTER, D. (org.). Littéracies universitaires: nouvelles perspectives. *Pratiques*, n. 153-154, 2012.

DEMO, Pedro. **Desafios modernos de educação.** 2. ed. Petrópolis: Vozes, 1993.

DEMO, Pedro. **Pesquisa e construção do conhecimento**. Rio de Janeiro: Tempo Brasileiro, 1996.

DENCKER, A. F. M. **Métodos e técnicas de pesquisa em turismo**. 4. ed. São Paulo: Futura, 2000.

DESCARTES, René. **Discurso do método**. 2. ed. Tradução de Maria Ermantina Galvão. São Paulo: Martins Fontes, 2001.

ECO, Umberto. **Como se faz uma tese**. Tradução de Gilson César Cardoso de Souza. São Paulo: Brasiliense, 1995.

FERRAREZI JR., Celso. **Guia do trabalho científico**: do projeto à redação final. São Paulo: Contexto, 2012.

FIORIN, José L.; SAVIOLI, Francisco P. **Para entender o texto**: leitura e redação. 3. ed. São Paulo: Ática, 1992.

FLICK, U. **Uma introdução à pesquisa qualitativa**. 3. ed. Porto Alegre: Bookman Editores, 2009.

FRANÇA, Junia Lessa; VASCONCELLOS, Ana Cristina. **Manual para normalização de publicações técnico-científicas**. 8. ed. Belo Horizonte: UFMG, 2007.

GIL, Antônio C. **Métodos e técnicas em pesquisa social**. 5. ed. São Paulo: Atlas, 2006.

GIL, Antônio C. **Estudo de caso**. São Paulo: Atlas, 2009.

GOFFMAN, E. A situação negligenciada. *In*: RIBEIRO, B. T.; GARCEZ, P. M. (org.). **Sociolinguística interacional**: antropologia, linguística e sociologia em análise do discurso. Porto Alegre: AGE, 1998. p. 11-15.

GUSTIN, Miracy; DIAS, Maria Tereza. **(Re)pensando a pesquisa jurídica**. Belo Horizonte: Del Rey, 2010.

HUSSERL, Edmund. **A ideia da fenomenologia**. Tradução de Artur Morão. Rio de Janeiro: Edições 70, 2000.

JONES, Marianne; SHELTON, Marilyn. **Developing your portfolio**: enhancing your learning and showing your stuff. New York: Routledge, 2006.

KOCH, Ingedore Grunfeld Villaça. **O texto e a construção dos sentidos**. 9. ed. São Paulo: Contexto, 2007.

LAKATOS, Eva Maria; MARCONI, Marina de Andrade. **Metodologia científica**. 3. ed. São Paulo: Atlas, 2000.

LESSARD-HÉBERT, Michelle; GOYETTE, Gabriel; BOUTIN, Gérald. **Investigação qualitativa**: fundamentos e práticas. Lisboa: Instituto Piaget, 1994.

LUIZ, A. J. B. Meta-análise: definição, aplicações e sinergia com dados espaciais. **Cadernos de Ciência & Tecnologia**, v. 19, nº 3, p. 407-428, 2002.

LUNA, S. V. de. **Planejamento de pesquisa**: uma introdução. São Paulo: Educ, 2000.

MARCONI, M. de A.; LAKATOS, E. M. **Metodologia do trabalho científico**. 5. ed. rev. ampl. São Paulo: Atlas, 2001.

MARCONI, M. de A.; LAKATOS, E. M. **Técnicas de pesquisa**. 7. ed. São Paulo: Atlas, 2008.

MARCUSCHI, L. A. Gêneros textuais: definição e funcionalidade. *In:* DIONISIO, A. P. *et al.* (org.). **Gêneros textuais & ensino**. Rio de Janeiro: Lucerna, 2002. p. 19-36.

MARX, Karl. **Miséria da filosofia**. São Paulo: Global, 1985.

MEDEIROS, João Bosco. **Redação científica**: a prática de fichamentos, resumos, resenhas. 10. ed. São Paulo: Atlas, 2008.

MENDES, Karina; CAMPOS, Renata Silveira; GALVÃO, Cristina Maria. Revisão integrativa: método de pesquisa para a incorporação de evidências na saúde e na enfermagem. **Texto Contexto Enferm.**, Florianópolis, v. 17, n. 4, p. 758-764, out./dez. 2008.

MICHEL, M. **Metodologia e pesquisa científica em ciências sociais**: um guia prático para acompanhamento da disciplina e elaboração de trabalhos monográficos. São Paulo: Atlas, 2005.

MINAYO, M. C. de S.; GOMES, Suely F. (org.). **Pesquisa social**: teoria, método e criatividade. 29. ed. Petrópolis: Vozes, 2010.

ORLANDI, Eni P. **Análise de discurso**: princípios e procedimentos. 7. ed. Campinas: Pontes, 2007.

PASQUALOTTI, Adriano. **Memorial descritivo**. 2006. Disponível em: http://usuarios.upf. br/~pasqualotti/memorial.htm. Acesso em: 15 dez. 2011.

POPPER, Karl S. **A lógica da descoberta científica**. London: Hutchinson, 1959.

POPPER, Karl S. **A lógica da pesquisa científica**. 2. ed. São Paulo: Cultrix, 1975.

ROTHER, Edna Terezinha. Revisão sistemática × revisão narrativa. **Acta paul. enferm**, v. 20, nº 2, São Paulo, abr./jun. 2007.

SANTOS, Gildenir Carolino. **Roteiro para elaboração de memorial**. Unicamp. Campinas: Graf. FE, 2005. Disponível em: http://eprints.rclis.org/bitstream/10760/12895/1/Gill_ Memorial.pdf. Acesso em: 5 out. 2011.

SANTOS, Raimundo A. dos. **Metodologia científica**: a construcao do conhecimento. 7. ed. Rio de Janeiro: Lamparina, 2007.

SEVERINO, A. J. **Metodologia do trabalho científico**. 19. ed. São Paulo: Cortez, 1995.

SILVA, Jane Quintiliano. O memorial no espaço da formação acadêmica: (re)construção do vivido e da identidade. **Perspectiva**, Florianópolis, v. 28, nº 2, p. 601-624, jul./dez. 2010. Disponível em: http://www.perspectiva.ufsc.br. Acesso em: 6 out. 2011.

TOPA, Francisco. Entre a crítica textual e a crítica genética: um exemplo. **Letras de Hoje**, Porto Alegre, v. 45, nº 4, p. 30-36, out./dez. 2010. Recebido: 24 de setembro de 2010. Aprovado: 30 de setembro de 2010. Disponível em: http://revistaseletronicas.pucrs.br/ojs/ index.php/fale/article/viewFile/8550/6064. Acesso em: 16 ago. 2012.

VERGARA, S. C. **Métodos de pesquisa em Administração**. 4. ed. São Paulo: Atlas, 2010.

_____. **Projetos e relatórios de pesquisa em Administração**. São Paulo: Atlas, 2000.

WEITZEL, Simone da Rocha. *Critérios para seleção de documentos eletrônicos na Internet*, 2000. *In:* XIX Congresso Brasileiro de Biblioteconomia e Documentação. **Anais eletrônicos** [...]. Porto Alegre: Febab, 2000. v. 1, p. 1-17.

■ A autora

Ada Magaly Matias Brasileiro

Graduada em Letras (Português, Inglês e Literaturas), especialista em Língua Portuguesa, Didática e Tecnologia do Ensino Superior e Linguística, mestra em Língua Portuguesa e doutora em Linguística e Língua Portuguesa. Atualmente, é professora adjunta da Universidade Federal de Ouro Preto (Ufop-MG). Dedica-se às áreas de Metodologia Científica, Linguística Aplicada e Formação Docente. Atua principalmente nos seguintes temas: ensino de produção de texto, escrita acadêmica, linguística aplicada, discurso e formação docente, interacionismo, metodologia e pesquisa científica. É autora de livros e outras publicações que abrangem os temas escrita acadêmica, metodologia da pesquisa e formação do professor.

GRÁFICA PAYM
Tel. [11] 4392-3344
paym@graficapaym.com.br